야광귀와 별별촌놈의
세시 풍속 이야기

 고고 지식 박물관 45

야광귀와 별별촌놈의 세시 풍속 이야기

글 노지영 | 그림 최지경

초판 1쇄 펴낸날 2010년 1월 15일 | **초판 5쇄 펴낸날** 2023년 8월 3일
편집장 한해숙 | **기획** 우리누리 | **편집** 신경아 | **디자인** 디자인 알도
마케팅 박영준, 한지훈 | **홍보** 정보영, 박소현 | **경영지원** 김효순
펴낸이 조은희 | **펴낸곳** ㈜한솔수북 | **출판등록** 제2013-000276호 | **주소** 03996 서울시 마포구 월드컵로 96 영훈빌딩 5층
전화 02-2001-5818(편집), 02-2001-5828(영업) | **전송** 02-2060-0108 | **전자우편** isoobook@eduhansol.co.kr
블로그 blog.naver.com/hsookbook | **인스타그램** soobook2 | **페이스북** soobook2
ISBN 978-89-535-7381-9 74370   **ISBN** 978-89-535-3408-7(세트)

ⓒ 2010 우리누리·㈜한솔수북
※저작권법으로 보호받는 저작물이므로 저작권자의 서명 동의 없이 다른 곳에 옮겨 싣거나 베껴 쓸 수 없으며 전산장치에 저장할 수 없습니다.
※값은 뒤표지에 있습니다.

어린이제품안전특별법에 의한 제품 표시
품명 도서 | **사용연령** 만 8세 이상 | **제조국** 대한민국 | **제조자명** ㈜한솔수북 | **제조년월** 2023년 8월

한솔수북의 모든 책은 아이의 눈, 엄마의 마음으로 만듭니다.

야광귀와 별별촌놈의

GoGo 지식 박물관

세시 풍속 이야기

머리말

  세시 풍속은 오천 년 역사 속에서 우리 조상들이 대대로 지켜 온 것으로, 한 해를 주기로 철에 따라 되풀이되는 우리 고유의 풍속을 말해요.

  한 해를 시작하는 설날에는 한복을 곱게 차려입고 웃어른들께 세배를 올리고, 복을 기원하며 복조리를 달아 놓았어요. 떡국을 먹고 윷놀이와 연날리기를 하며 하루를 즐겁게 보냈지요. 설날 밤에는 야광귀 쫓기를 했어요.

  야광귀는 설날 밤에 하늘에서 땅으로 내려온 귀신이에요. 장난꾸러기 야광귀는 세상을 돌아다니다가 아이들이 벗어 놓은 신발을 보고 제 발에 맞으면 신고 달아난대요. 그래서 설날 밤이 되면 아이들은 신발을 꼭꼭 숨겨 놓고 잠자리에 들었어요. 또 문고리에 체를 걸어 놓기도 했지요. 셈하기를 좋아하는 야광귀는 날이 새는 줄도 모르고 체에 난 구멍을 세다가 신발도 못 훔치고 새벽닭이 울면 쫓겨 갔다고 해요. 참 재미있는 귀신이지요?

  설날, 정월 대보름, 삼짇날, 한식, 부처님 오신 날, 단오, 추석, 김장 담그는 날……. 이처럼 때가 되면 약속처럼 다 같이 즐기는 우리 세시 풍속은 옛 어른들이 가장 중요하게 생각한 농사일 그리고 날씨와 철의 변화와 깊은 관계가 있어요.

　설날 밤, 할머니 집에서 잠을 자던 두복이는 신발을 빼앗아 가려는 야광귀를 만나요. 두복이는 우리 풍속에 호기심이 가득하고 아는 것도 많은 여러분과 같은 또래 친구예요. 신발을 돌려준다는 말에 두복이는 야광귀의 부탁을 들어주기로 약속하는데……. 바로 그 약속 때문에 두복이는 야광귀와 함께 세시 풍속 나들이를 떠납니다.

　'정월 대보름에는 왜 부럼을 깨물고 더위팔기를 할까?'
　'손 없는 날은 무슨 날이지?'
　'단오에는 왜 창포물에 머리를 감았을까?'
　'섣달 그믐날 밤에는 왜 잠을 자면 안 되지?'

　자, 지금부터 여러분의 궁금증을 두복이와 야광귀가 하나하나 풀어 줄 거예요. 우리 모두 같이 세시 풍속 한마당으로 풍덩 빠져들어 볼까요?

글쓴이 노지영

차례

백 년 만에 열린 신들의 긴급 회의 …… 10
섣달 그믐날 세시 풍속 …… 22

야광귀와 맺은 약속 …… 24
설날 세시 풍속 …… 36

별별촌놈 탄생기 …… 38
정월 대보름 세시 풍속, 이월의 세시 풍속 …… 46

사람들을 골탕 먹이러 내려온 손귀 …… 50
삼월의 세시 풍속, 사월의 세시 풍속 …… 60

별별촌놈, 강릉단오제에 가다 …… 64
오월의 세시 풍속 …… 78

역귀는 아이들을 싫어해! …… 80
유월의 세시 풍속, 칠월의 세시 풍속 …… 90

손귀가 일러 준 무서운 비밀 …… 94
한가위 세시 풍속 …… 106

혼쭐난 역귀 졸개들 …… 108
구월의 세시 풍속 …… 119

팥죽옷을 뒤집어쓴 역귀 …… 120
시월의 세시 풍속, 십일월의 세시 풍속 …… 132

사철과 24절기 …… 134

나오는 사람들

한두복

초등학교 3학년, 나이 열 살. 원래 서울에서 살았는데 엄마 아빠가 일 때문에 한 해 동안 시골 할머니 집에 맡겨 두었다. 그동안 할머니와 함께 살며 재미있고 뜻있는 세시 풍속을 머리와 가슴 가득 채워 놓았다. 다시 서울에 돌아와 친구들한테 이야기 보따리를 풀지만 아이들은 '별의별 쓸데없는 것만 가지고 아는 체를 하는 촌놈'이라며 별별촌놈이란 별명을 지어 주었다. 설날 밤, 할머니 집에서 만난 야광귀와 함께 역귀의 소란에 맞선다.

야광귀

설날 밤에 신발을 훔치러 내려왔다가 새벽까지 체에 난 구멍을 세느라 신발도 못 훔치고 쫓겨 가는 귀여운 꼬마 귀신. 옥황상제한테 허락을 받아 땅으로 내려와 두복이와 손을 잡고 손귀나 역귀와는 다른 방법으로 우리 세시 풍속을 지킬 방법을 찾는다.

조왕신

할머니 집 부엌을 지키는 신. 섣달 그믐날 밤, 두복이와 우연히 이야기를 나누다 두복이의 영특함을 알아챈다. 손귀와 역귀의 방법이 잘못되었음을 증명하는 데 도움이 될 거라며 야광귀한테 두복이를 소개한다.

역귀와 손귀

아이들과 젊은이들이 핼러윈 데이와 같은 서양 풍습에 즐거워하는 것을 보고 크게 분노한다. 세상이 이 꼴이 된 것은 자신들과 같은 귀신들이 너무 오래 참고 지냈기 때문이라며 옥황상제한테 세시 풍속을 이어가게 하려면 사람들한테 무서운 맛을 보여 주어야 한다고 주장한다.

유리와 승재

시골 할머니 집에서 살다 온 두복이를 촌스럽다고 놀린다. 그러나 두복이와 단오 어린이 퀴즈 대회에 나가 대상을 받은 뒤, 두복이와 우리 세시 풍속을 바라보는 눈길이 확 바뀐다.

"Trick or Treat!"

"흐흐, 무섭지? 얼른 과자를 내놔라!"

한쪽 벽을 가득 채운 화면 속에는 해적, 유령, 드라큘라, 마녀 옷을 입은 아이들이 신 나게 파티를 즐기고 있었어. 어른들은 아이들이 들고 다니는 바구니와 자루 속에 과자와 사탕을 줄줄이 넣어 주기 바빴지.

"저, 저기 아이들 손에 든 게 무엇이오?"

옥황상제가 아이들이 들고 있는 호박 모양 등을 가리키며 물었어.

"옥황상제님, 저것은 잭오랜턴이라고 하는 것인데, 속을 도려낸 호박에 악마의 얼굴을 새기고 촛불을 켜 놓은 것입니다."

신하의 설명과 함께 화면은 곧 잔치를 준비하는 아이들과 어른들의 모습으로 바뀌었어. 아이들은 가게에 진열된 서양 귀신 옷과 소품들을 고르며 즐거워하고 있었지.

"핼러윈 파티는 정말 신 나요!"

"맞아요. 크리스마스보다 더 재미있어요. 만날 핼러윈 파티만 했으면 좋겠어요."

화면을 바라보던 신들의 얼굴이 점점 굳어졌어.

"됐소. 이제 그만 봅시다."

옥황상제가 고개를 돌리며 말했어.

"옥황상제님, 사람들의 인터뷰 한 장면만 더 보시지요."

화면 속에는 아이들과 젊은이들이 나와 우리 세시 풍속을 묻는 질문에 답하고 있었어.

"손 없는 날이요? 그게 뭐예요? 발은 있고 손만 없어요?"

"삼짇날이 삼일절인가요? 잘 모르겠는데……."

"설날에 떡국 먹고 추석에 송편 먹는 것만 알면 되지 않아요? 세시 풍속은 옛날 사람들 이야기잖아요. 고리타분하고 재미없어요."

옥황상제가 손을 높이 올리자 자료 화면이 멈췄어.

"으……. 도저히 참을 수 없습니다. 이제 우리가 무서운 맛을 보여 줘야 할 때입니다."

손귀가 책상을 탁 치며 성을 냈어.

"맞습니다. 우리 풍속에는 관심 없고 온통 서양 귀신들이 판치는 꼴이라니……. 에잇!"

역귀의 얼굴이 붉으락푸르락해지더니 너무 분해서인지 코에서 하얀 김이 나왔어.

한 해의 마지막 날인 12월 31일, 하늘나라 옥황상제의 궁에서는 백 년 만에 하늘과 땅의 온갖 신들이 모여 긴급 회의를 열고 있었어.

우리 세시 풍속이 남의 나라에서 들어온 요상한 기념일에 밀려 설 자리를 잃고 잊혀져 가고 있는 문제를 의논하는 중이지.

"시대가 빠르게 바뀌고 있어요. 요즘 젊은 사람들이 외국에서 들어온 기념일을 우리 세시 풍속보다 더 가깝게 여기는 건 안타깝지만 어쩔 수 없는 일이지요."

삼신할머니가 고개를 저으며 힘없이 말했지.

"그걸 말이라고 하시오? 삼신할머니 생각이 그러니 사람들이 아기를 낳고 금줄을 거는 것도 다 쓸데없는 짓이라고 생각하는 거요."

역귀가 불같이 화를 냈어.

"맞아. 역귀랑 내가 금줄이 없는 집에 들어가서 부모들 혼쭐을 내 줘야 정신을 차릴 텐데……. 다 뜻이 있는 옛 풍습을 쓰레기만도 못하게 여기니 이 꼴이 되었지!"

손귀가 답답하다는 듯 가슴을 치며 말했어.

두 시간이 넘도록 이어진 회의는 끝이 날 기미를 보이지 않았어. 손귀와 역귀는 지금이야말로 사람들한테 따끔한 맛을 보여 줘야 할 때라고 목소리를 높여 말했어. 하지만 조왕신과 성주신처럼 사람들의 집을 지키는 신들은 이제 시대가 바뀌었음을 받아들이고 좀 더 부드러운 방법으로 우리 풍습을 알리는 게 좋다고 말했지. 성질이 사나운 측간신만 빼고 말이야. 아무튼 두 세력의 주장이 팽팽히 맞서는 동안 옥황상제는 이러지도 저러지도 못하고 깊은 시름에 잠겨 있었어.

하늘나라에서 신들이 모여 회의를 하고 있는 바로 그때, 두복이네 할머니 집에서는 설 명절을 하루 앞두고 음식을 준비하느라 정신이 없었지. 어른들이 정신없이 바쁜 그때, 두복이는 사촌 형 성복이와 경미 누나, 은수와 함께 숨바꼭질을 하고 있었어.

숨을 곳을 찾던 두복이가 텅 빈 부엌 안으로 뛰어 들어가 부뚜막 위로 올라갔어. 그러고는 몸을 숨기기에 좋아 보이는 커다란 광주리를 꺼내려 했어. 바로 그때였지.

"쨍그랑!"

시끄러운 소리를 내며 부엌 바닥으로 물그릇이 나동그라졌어. 그릇이 깨지고 물이 모두 쏟아진 거야.

"에구머니나! 어미야, 이걸 어쩌냐? 조왕신께 올리는 물그릇이 깨져 버렸다."

"네? 세상에! 어머니, 어떡해요?"

마루에서 걸레질을 하던 할머니와 엄마가 부엌 바닥에 주저앉아 울상을 지었어. 두복이는 너무 놀라 한 발자국도 움직일 수가 없었어. 마치 얼음처럼 몸이 딱 굳어버린 것 같았어.

"이 녀석아, 할미가 그렇게 조심하라고 했건만!"

"너, 정말 왜 이렇게 말썽이야?"

할머니와 엄마가 화를 내는 건 당연했어. 두복이도 일부러 그런 건 아니었지만 자기가 얼마나 엄청난 일을 저질렀는지 잘 알고 있었지.

조왕신은 할머니네 집 부엌을 지키는 신이야. 조왕신은 해마다 음력 12월 24일에 옥황상제를 뵈러 하늘나라에 올라가. 그러고는 그 집 사람들이 한 해 동안 한 일들을 모두 아뢰지. 어떤 사람이 착한 일을 했고 또 어떤 사람이 나쁜 일을 했는지 고해 바치는 거야. 그러면 옥황상제는 착한 일을 한 사람한테는 복을 내리고 나쁜 일을 한 사람한테는 벌을 내린대. 그래서 사람들은 조왕신이 하늘나라에 올라간 동안은 몸가짐을 더욱 조심했어. 그리고 한 해의 마지막 날, 조왕신이 돌아오는 날에는 정성껏 준비한 음식을 마련해 놓고 복을 바라는 기도를 올렸지.

두복이네 집 부엌에도 오늘 집으로 다시 돌아올 조왕신을 위한 물그릇과 정성껏 준비한 음식 그릇이 올려져 있었어. 그런데 그만 두복이가 실수로 그릇을 깨고 만 거였지.

"흑흑, 할머니, 죄송해요."

두복이 눈에서 눈물이 뚝뚝 떨어져 내렸어.

"아이고, 이놈아, 죄송해서 될 일이 아니다. 조왕신이 노하시면 큰일이야."

두복이는 정말 조심할 생각이었어. 이제 설만 지내고 나면 엄마 아빠와 함께 서울로 올라갈 참이었으니까 며칠 동안이라도 할머니 속을 안 썩혀 드리겠다고 다짐을 했었지.

두복이는 원래 서울에서 살았는데 엄마 아빠가 갑자기 외국으로 일을 하러 나가는 바람에 작년 이맘때부터 시골 할머니 댁에 내려와 있어. 이번 설이 지나면 할머니와 지내는 날도 끝이 나는 거였지.

그날 사고를 친 뒤로 두복이는 사촌들과 놀지 않았어. 저녁을 먹고 난 뒤에도 방안에 혼자 들어가 좀처럼 밖으로 안 나왔지. 할머니와 엄마가 괜찮다고 여러 번 웃으며 말했지만 두복이는 걱정이 사라지지 않았어.

'조왕신이 정말 화가 많이 났을 거야. 나 때문에 할머니한테 안 좋은 일이 생기면 어쩌지?'

밖에서는 온 식구가 모여 이야기 꽃을 피우고 있었지만 두복이는 방안에 혼자 누워 있었지. 이불을 머리끝까지 덮었다 내렸다 하기를 여러 차례, 몸을 이리로 저리로 뒹굴기를 몇십 분, 한 숨 내쉬기를 또 몇십 번…….

그렇게 얼마나 지났을까, 멀지 않은 곳에서 또 다른 한숨 소리가 들려왔어.

"후유!"

두복이는 엄마나 아빠가 자기 방에 들어온 거라고 생각했지. 아마도 말썽만 부리는 두복이가 걱정스러워서 아빠가 잠을 못 이루는 거라고. 그래서 그냥 자는 척을 하기로 했어. 그런데 다시 들어보니 그건 아빠의 한숨 소리가 아닌 것 같았어.

"후유, 정말 큰일이야."

두복이는 살며시 고개를 돌려 소리가 나는 쪽을 바라보았어. 그리고는 곧 기절초풍할 만큼 놀라 비명을 지르고 말았지.

"으악!"

그런데 놀란 건 두복이뿐이 아니었어.

"으악! 깜짝이야!"

두복이한테서 저만치 떨어져 앉은 하얀 수염의 밤손님은 더 큰 비명을 지르며 뒤로 자빠지는 게 아니겠어?

"할아버지는 누구세요?"

"어험, 나?"

낯선 할아버지와 겨우 얼굴을 맞대고 앉은 두복이는 겁에 질려 고개만 끄덕였어.

"난 이 집의 조왕신이란다."

두복이는 드디어 올 것이 왔다고 생각했지. '조왕신'이란 말에 가슴이 철렁 내려앉았지만 웬일인지 머리는 차가워지는 것 같았어.

"조왕신님! 죄송해요. 제가 실수로 그랬어요. 조심하려고 했는데……. 정말 일부러 그런 건 아니었어요."

"실수? 뭐 말이냐? 아, 낮에 부엌에서 있었던 일 말이냐?"

"네."

"괜찮다. 그깟 물그릇 좀 깨진 걸 가지고 뭘!"

두복이는 자기 귀를 의심했어. 분명 조왕신이 한 말이 맞는지 믿어지지가 않았지.

"괜찮다고요? 정말이에요? 저희 할머니는 제가 저지른 일 때문에 조왕신님이 화가 나셨을 거라고……. 그래서 옥황상제님께 저희 집 이야기를 나쁘게 하실까 봐 걱정하세요."

"쯧쯧, 몰라도 너무 모르는구나. 내가 기껏 아이들이 저지른 실수로 화를 낼 것 같더냐? 그리고 옥황상제님도 지금은 그런 시시콜콜한 이야기나 듣고 계실 여유가 없다."

두복이는 마음이 편안해지자 호기심이 솟아올랐어.

"왜요? 하늘에 무슨 큰일이라도 생겼어요?"

"생겼고말고. 백 년 만에 모든 신들이 한자리에 모였으니 큰일은 큰일이지."

조왕신은 무척 친절했어. 두복이가 입이 근질거리는 걸 억지로 참고 있다는 걸 알았는지 묻지 않았는데도 두복이의 궁금증을 모두 풀어 주지 뭐야?

"백 년 전 일본 놈들한테 나라를 빼앗겼을 때! 그때도 하늘나라가 온통 뒤집어졌는데, 오늘 보니 이번 일도 보통 일은 아니더구나."

조왕신은 지금 하늘나라에 신이란 신들은 모두 모여 있다고 했어. 옥황상제는 땅 위 사람들이 우리 세시 풍속을 너무 업신여기는 걸 더는 그냥 두면 안 되겠다고 생각했다는 거야.

"너도 그 서양 귀신들이 판치는 핼러윈 데이를 아느냐?"

"핼러윈 데이요? 알죠. 서울에 있을 때 학원에서 핼러윈 파티를 했어요."

"후유! 너 같은 촌 녀석도 다 알고 있는 걸 보니 손귀가 펄쩍펄쩍 날뛸 만도 하구먼. 그나저나 정말 큰일이다. 손귀와 역귀가 대책 없이 날뛰면 세상이 정말 시끄러워질 텐데 말이야."

조왕신은 잠깐 근심스러운 얼굴을 하다가 두복이한테 다시 물었어.

"혹시 넌 삼짇날이 언제인지 아느냐?"

"에이, 제가 그런 것도 모를까 봐요? 음력으로 숫자 삼이 두 번 겹치는 삼월 삼일이잖아요."

"옳거니! 그럼 혹시 손 없는 날이 무슨 날인지도 아느냐?"

"알아요. 할머니한테 들었어요. 사람들 일을 방해하기 좋아하는 손귀가 하늘에 올라가고 없는 때를 말하는데, 며칠인지는 정확히 모르지만 그때 이사를 하거나 장을 담그는 것처럼 중요한 일을 하면 좋다고 했어요."

"제법이구나! 그럼 하나만 더 묻자. 아기를 낳은 집 문 앞에 금줄을 치고 숯이랑 고추를 다는데 왜 그러지?"

두복이는 학교 시험 문제도 이렇게 자기가 아는 것만 나오면 얼마나 좋을까 잠깐 생각했어. 조왕신이 낸 세 번째 문제의 답도 얼마 전에 자신이 겪은 일이었거든.

"하하, 며칠 전에 뒷집 상우네 동생이 태어났거든요. 그때 금줄을 처음 봤는데 진짜 숯이랑 고추가 걸려 있었어요. 할머니가 그러셨는데 고추는 남자아이가 태어날 때 다는 거래요. 그리고 숯은 부정을 없애고 붉은 고추는 귀신을 쫓는 뜻이 담겨 있다고 하셨어요. 귀신이 붉은 빛깔을 싫어한다고요."

"옳거니! 요 녀석 정말 영특하구나!"

두복이는 조왕신의 칭찬을 들으니 기분이 좋아졌어.

"후유, 모든 아이들이 다 너만 같다면 걱정이 없을 텐데……."

바로 그때였어.

"두복아, 자냐?"

방문이 드르륵 열리며 아빠가 들어왔어. 그러자 눈앞에서 조금 전까지 이야기를 나누던 조왕신의 모습이 갑자기 보이지 않았어.

"어? 이상하다."

"왜 그래? 무슨 일 있어?"

아빠가 멍하게 앉아 있는 두복이의 어깨를 툭 건드리며 물었지.

"이 녀석, 자다 깼구나?"

"아니에요. 아빠, 아직 안 잤어요. 아니다, 꿈을 꾸었나?"

두복이는 얼른 제 볼을 꼬집어 보았지. 눈물이 쏙 빠질 만큼 아팠어. 그래도 두복이는 조금 전까지 조왕신을 만난 일이 꿈일 거란 생각이 들었어. 어쨌든 마음이 한결 가벼워진 걸 보니 기분 나쁜 꿈은 아닌 것 같았지.

"섣달 그믐날 밤에 잠을 자면 눈썹이 하얗게 샌다는 거 알고 있지? 오늘 밤에는 자면 안 된다."

"알아요."

"두복아, 얼른 나와! 성복이 형이 새 게임기 빌려 준대."

"정말?"

경미 누나 말에 두복이는 얼른 이불을 박차고 밖으로 뛰어나갔어.

섣달 그믐날 세시 풍속

음력 12월 마지막 날을 섣달 그믐날이라고 해요. 이날에는 가는 해를 아쉬워하고 새해를 희망차게 맞이하려는 뜻으로 여러 가지 행사를 했어요.

묵은세배

섣달 그믐날이 되면 가까운 어른들을 두루 찾아가 인사를 드렸어요. 한 해를 건강하게 잘 보낼 수 있게 보살펴 주신 것에 감사하는 뜻을 담았지요. 설날 아침에 드리는 인사를 세배라고 하는데, 이처럼 설날 전날인 섣달 그믐날에 드리는 절은 묵은세배라고 해요. 초저녁부터 한밤중까지 친척과 마을 어른들한테 묵은세배를 드리는 사람들이 많아 길거리엔 등불이 환하게 밝혀졌어요.

수세

섣달 그믐날 밤에는 온 집안을 환하게 밝히고 밤새도록 잠을 안 자기도 했어요. 섣달 그믐날에 잠을 안 자고 새해를 일찍 맞이해야 복을 받는다고 믿은 까닭이지요. 이런 풍습을 '수세'라고 해요. '해 지킴이'라고도 했는데 말 그대로 가는 해를 지킨다는 뜻이에요. 이날 잠을 자면 눈썹이 하얗게 샌다고 해서 사람들은 윷놀이와 같은 놀이를 즐기며 밤을 지샜어요. 전라북도 지방에서는 섣달 그믐날에 잠을 자면 굼벵이가 된다는 전설이 전해 내려오기도 하지요. 아이들이 졸음을 못 참고 잠이 들면 분이나 밀가루를 눈썹에 발라 놓고 깨워서 놀리기도 했어요.

섣달에 즐기는 민속놀이
한 해 가운데 가장 밤이 긴 동지 무렵부터 정월 대보름까지는 여러 가지 겨울철 놀이를 즐겼어요.
남자아이들은 얼음판에 나가 신 나게 썰매를 타거나 팽이를 쳤고, 들판을 뛰어다니며 연을 날리기도 했어요. 마을 공터에 모여 제기차기도 했지요.
여자아이들은 널뛰기를 많이 했어요. 집안 어른들과 어울려 윷놀이를 즐기기도 했지요.

궁궐에서 한 해를 마무리하며 치르던 의식 '연종제'
궁궐에서는 섣달 그믐날이 되면 나쁜 귀신을 상징하는 옷을 입은 사람들이 궁궐 곳곳에 있다가 붉은 옷을 입은 사람들이 징을 치면 사방으로 도망을 쳤어요. 이때 펑 하고 큰 소리로 대포를 쏘았지요. 궁궐에 숨어 있는 나쁜 귀신들을 대포 소리로 놀라게 해 쫓아낸다는 뜻이 담겨 있는 풍습이에요.

야광귀와 맺은 약속

　새해 첫날 아침 해가 밝았어. 차례가 끝난 집 안에서 이제 막 유치원에 들어간 사촌동생 은수의 노랫소리가 울려 퍼지고 있었지.
　"까치 까치 설날은 어저께고요, 우리 우리 설날은 오늘이래요."
　"하하하, 잘했다."
　"은수 노래 솜씨가 보통이 아니구나!"
　어른들의 칭찬에 은수가 할머니 품으로 파고들며 배시시 웃었어.
　"자, 이제 할머니께 세배 드려야지."
　큰아버지의 말에 성복이네 식구, 경미네 식구, 두복이네 식구가 모여 차례로 할머니께 세배를 올렸어.
　"어머니, 건강하시고 오래오래 사세요."
　"할머니, 새해 복 많이 받으세요."
　"오냐. 우리 두복이 내일이면 서울 가는구나."
　할머니는 두복이를 안고 등을 토닥거려 주셨어.
　"어머니, 그동안 이 말썽쟁이 손자 녀석 돌보시느라 고생 많이 하셨어요."
　엄마도 눈물을 글썽이셨어. 두복이도 갑자기 왈칵 눈물이 나올 것만 같았지.

어른들께 드리는 세배가 모두 끝나자 식구들 모두 아침상에 둘러앉아 떡국을 먹었어. 두복이는 평소에도 떡국을 좋아하지만 설날 아침에 먹는 떡국처럼 맛있는 음식은 세상 어디에도 없다고 생각했어. 두복이는 다른 사람들이 아침을 다 먹은 뒤에도 속이 꽉 찬 만두를 가득 담아서 떡국을 한 그릇 더 비워 냈어.

"얘들아, 너희 이게 뭔지 알아?"

아빠가 방에서 들고 나온 건 복조리였어.

"복조리요!"

경미가 가장 먼저 말했어.

"그래, 맞아. 작은아버지가 어제 장에 나갔다가 사 오셨다. 이걸 어디에 쓸까?"

"설날에 복 들어오라고 집 안에 거는 거 아니에요?"

성복이도 아는 체를 했어.

"맞아. 할머니 집에 올 한 해 복이 가득 들어오라고 걸어 두는 거지. 자, 어디에 걸까?"

"아비야, 작년처럼 방에 걸지 말고 올해는 눈에 잘 띄는 대청마루에 걸어라."

할머니 말에 아빠가 대청마루 한가운데에 복조리를 걸었어.

엄마와 큰엄마들이 아침상을 치우는 동안 할머니는 두꺼운 종이 뭉치를 들고 방에서 나오셨어.

"할머니, 어디 가세요?"

"하하, 궁금한 녀석들은 따라와 봐라."

할머니 말에 아이들이 우르르 할머니 뒤꽁무니를 쫓아갔어.

"이 안에 뭐가 들었을까?"

할머니가 종이 뭉치를 가리키며 물었어.

다른 아이들이 말없이 고개를 흔들거나 두 눈만 깜빡이는데, 두복이만 할머니를 보며 싱긋 웃음을 지었어.

"할머니 머리카락이죠?"

"맞다. 두복이가 맞혔네."

두복이는 그동안 할머니가 아침마다 머리를 곱게 빗으시고는 머리카락을 주워 종이에 모아 놓는 걸 봐 왔지.

"할머니, 그걸 왜 모아 놓으셨어요?"

경미가 이마를 찡그리며 물었어.

"태우려고 모았지. 옛날 어른들은 조상님들께 물려받은 머리카락 하나도 버리면 죄가 된다고 믿었어. 그래서 이렇게 한 해 동안 다 모아 뒀다가 새해 첫날 태워 버렸단다."

할머니는 성냥에 불을 켜서 머리카락에 불을 붙였어. 할머니의 흰 머리카락은 요상한 냄새를 풍기며 타들어 갔지.

"으악, 냄새!"

"정말 지독하다."

"할머니, 왜 이렇게 고약한 냄새가 나는 걸 태워요?"

아이들은 코를 감싸 쥐고는 조금씩 뒤로 물러나 앉았어.

"하하, 귀신 달아나라고 그러지. 이 고약한 냄새가 귀신을 쫓는단다. 훠이, 훠이! 새해에 우리 집엔 나쁜 귀신이 절대 얼씬거리지 못할 거다!"

"애들아, 얼른 와라! 윷놀이하자!"

큰아버지 목소리가 들려오자 아이들이 우르르 일어나 고약한 냄새한테서 도망을 쳤어. 마치 나쁜 귀신들이 줄행랑을 치듯 말이야.

설날 밤, 아이들은 모두 일찍 잠에 빠져들었어. 추운 줄도 모르고 연날리기를 하며 들판을 헤매고 다니느라 모두 무척 피곤했지. 두복이는 할머니 옆에 누워 잠을 청했어.

잠이 들기 전에 두복이는 잠깐 조왕신을 떠올렸어. 어쩌면 어젯밤처럼 몰래 자기를 찾아오지는 않을까 하며 말이야. 두복이는 조왕신을 다시 만나 어젯밤에 못 물어본 궁금한 것들을 물어보면 좋겠다는 생각을 했어. 하지만 다시 떠올려 보니 그건 그다지 기분 좋은 일만은 아니었어. 마음씨가 좋아 보이긴 했지만 어쨌든 귀신을 만나는 건 소름 돋는 일이니까.

'꿈이야. 꿈! 어제 조왕신을 만난 건 그냥 꿈이었다고.'

이렇게 생각을 하니 마음이 편해졌지. 두복이는 금세 곯아떨어졌어.

"쿨쿨, 쿨쿨······."

두복이의 코 고는 소리 사이로 다른 소리가 들려온 건 아주 깊은 밤이었어.

"일흔하나, 일흔둘, 일흔셋, 일흔넷, 아이고 어깨 아파. 좀 쉬었다 할까? 아니야, 거의 다 세었으니 다시······. 가만, 일흔 몇까지 세었더라? 둘? 셋? 아니, 일곱이었던가? 아이코! 또 잊어버렸네."

누군가 숫자를 세는 모양이었어. 그러다 잠깐 한눈을 판 사이에 세던 숫자를 잊어버린 것 같았지.

"괜찮아. 다시 세면 되지, 뭐! 하나, 둘, 셋, 넷, 다섯……."

숫자 세는 소리에 두복이는 점점 귀가 거슬렸어. 깊은 잠에서 조금씩 빠져나올 수밖에 없었지.

"서른둘, 서른셋, 서른넷……."

"이 밤에 누가 이렇게 시끄럽게 구는 거야?"

두복이는 짜증을 내며 이불을 박차고 일어나 앉았어. 그리고 방문을 열고 나가서 소리쳤지.

"이 밤에 누가 이렇게 떠들어? 어, 으악!"

"으아악!"

두복이와 눈이 마주친 야광귀는 손에 들고 있던 체를 던져 버리며 놀라 뒤로 넘어졌어.

"엄마야, 누, 누구야? 넌?"

고개를 숙이고 눈을 꼭 감고 몸을 덜덜 떠는 두복이가 겨우 물었어.

"나? 넌 내가 누군지 몰라?"

두복이는 한쪽 눈을 살며시 떠서 소리가 나는 쪽을 보았어. 허리

에 손을 대고 의기양양하게 선 그림자는 언젠가 그림책에서 본 도깨비 같았어. 키가 작은 꼬마 도깨비.

"네가 누군데?"

두복이가 용기를 내서 고개를 들었어.

"난 야광귀야."

"으악, 엄마!"

두복이가 더 크게 소리를 지르며 다시 몸을 잔뜩 움츠렸어.

"왜? 놀랐어? 오늘 밤에 내가 온다는 걸 너도 알았을 텐데? 조왕신님이 네가 무척 똑똑하다고 하시던데 그렇지도 않은가 봐?"

"뭐? 조왕신?"

"그래. 이 집 부엌을 지키는 신 말이야."

"네가 그걸 어떻게 알아?

조왕신님이 내 꿈에 나왔던 거 말이야."

"조왕신님한테 들었으니까 알지. 다른 아이들이랑 다르게 넌 우리 풍속을 꽤 많이 안다며? 그런데 오늘 밤에 내가 온다는 걸 어떻게 몰랐단 말이야?"

야광귀가 고개를 갸웃거리며 말했어.

"너, 조왕신님이랑 친해?"

"그렇다고 할 수 있지. 이번에 옥황상제께서 소집한 긴급 회의 때 만나서 중요한 이야기를 많이 나눴거든."

"긴급 회의?"

"응. 도시 애들 때문에 하늘나라가 발칵 뒤집혔어. 뭐라더라? 서양 귀신들이 잔치하는 거였는데?"

"핼러윈 데이?"

"맞다, 그거! 쯧쯧, 정말 생각들도 없지. 서양 귀신들 잔치를 왜 한국 꼬맹이들이 하냐고!"

"왜? 그러면 안 되나?"

"안 되는 건 아니지만……. 아무튼 역귀랑 손귀랑 당장 땅으로 내려가서 아이들을 혼내 주겠다고 야단도 아니었다니까."

두복이는 그때서야 그믐날 밤 조왕신을 만나서 생긴 궁금증이 조금 풀리는 기분이었어.

"그러니까 하늘나라에서 회의가 열렸는데, 아이들이 우리 풍속을 너무 깔보는 것 같으니까 손귀랑 역귀가 땅으로 내려와서 아이들을 혼내 주겠다고 했단 말이지?"

"맞아."

두복이는 갑자기 겁이 덜컥 났어. 딱히 잘못한 건 없었지만 왠지 그 귀신들이 혼내 준다는 아이들 속에 자기도 끼어 있을 것만 같았지.

그런데 그때, 두복이는 문득 댓돌 위에 벗어 놓은 신발이 안 보인다는 사실을 알아차렸어.

"어! 내 신발?"

"하하, 이제 알았어?"

"내 신발 네가 가져갔어?"

"응, 그게 내 일이거든."

"아냐. 넌 밤새 체에 난 구멍만 세다가 신발을 훔치러 온 것도 깜빡 잊고 새벽에 쫓겨가는 귀신이잖아."

"하하하, 옛날에는 몇 번 그런 실수를 했지. 하지만 이젠 이렇게 신발을 먼저 신고 새끼줄로 꼭꼭 묶어 둬."

야광귀 말대로 두복이 신발은 야광귀 발에 신겨진 채 새끼줄로 친친 감겨 있었어.

"안 돼! 그건 내 설빔이란 말이야."

"설빔? 하하하, 이 신발이 옷이냐? 설빔은 옷을 말하는 거야."
"어쨌든 그건 설빔 대신 아빠한테 받은 새 신발이야. 어서 내놔!"
"안 돼!"
"안 돼! 어서 내놔! 내 거란 말이야!"

두복이가 야광귀한테 신발을 빼앗으려고 몸을 날리자 야광귀는 두복이 키의 두 배쯤 가뿐히 뛰어올랐어. 두복이가 귀신보다 빠를 리가 없었지.

"엉엉, 내 신발 내놔!"

두복이가 울음을 터뜨리자 야광귀는 조금 당황했어.

"나랑 약속 하나 하면 신발을 돌려줄게."
"약속?"

두복이가 울음을 멈추자 야광귀가 다시 말했어.

"그래. 내가 머지않아 널 다시 찾아올 거야. 그때 나를 도와주겠다고 약속해 줘."
"날 찾아온다고?"
"그래."

두복이는 신발부터 찾아야 한다는 생각이 간절했어. 그리고 내일이면 할머니 집을 떠나니까 야광귀의 부탁 따위에는 마음 쓰지 않아도 될 것 같았지.

"좋아! 그럴게. 내 신발이나 얼른 돌려줘."

야광귀는 두복이의 시원한 대답이 맘에 드는 듯 신고 있던 신발을 벗어 제 주인한테 돌려주었어.

이튿날, 잠에서 깬 두복이는 얼른 밖으로 나가 댓돌 위부터 살펴봤어. 다행히 새 신발은 얌전히 놓여 있었지.

"후유, 정말 이상한 꿈도 다 있네."

고개를 갸웃하는 두복이는 신발 옆에 돌돌 말아 버려진 새끼줄을 보지 못했어.

설날 세시 풍속

음력 1월 1일은 설날이에요. 새 옷인 '설빔'을 차려입고 아침 일찍 조상님께 정성껏 차례상을 올리지요. 차례를 드리고 나면 살아 계신 웃어른께도 세배를 드려요. 이때 어른들은 아랫사람한테 새해에 좋은 일들이 많이 생기길 바라며 '덕담'을 해 주지요. 설날 아침에는 새해 첫날을 밝게 시작하라는 뜻으로 떡국을 먹어요.

복조리 걸기

옛날에는 설날이 되면 복조리 장수들이 집집마다 복조리를 팔러 다녔어요. 사람들은 복조리를 사서 대청마루나 방 안에 걸어 두고 복이 들어오기를 기원했지요. 원래 조리는 대나무를 엮어서 만든 것으로 쌀 속에 든 작은 돌을 걸러 낼 때 쓰는 살림 도구예요. 복조리는 복을 많이 건져 낸다는 뜻을 담은 것이지요.

설 그림 걸기(문배)

설날 아침, 차례와 세배를 마치고 나면 집 대문에 그림을 걸었어요. 이런 풍속을 '문배'라고 하지요. 호랑이나 닭 같은 동물의 그림을 걸어 나쁜 귀신이 집 안으로 못 들어오기를 바랐어요.

사람들은 닭이 새벽을 알리는 동물이기 때문에 귀신들이 싫어한다고 생각했어요. 호랑이는 산신을 상징해서 귀신들이 무서워한다고 여겼고요. 백성들은 호랑이와 까치가 같이 있는 그림을 가장 좋아했어요. 호랑이는 나쁜 것을 막아 주고, 까치는 좋은 소식을 전해 주는 동물이라고 믿었기 때문이에요.

머리카락 태우기

설날 저녁에는 집 밖에 나가 머리카락을 태웠어요. 우리 조상들은 머리카락 하나도 조상님이 물려 주신 거라며 귀하게 생각했지요. 지난 한 해 동안 빗질을 하면서 빠진 머리카락을 잘 모아두었다가 한꺼번에 태웠어요. 머리카락을 태울 때 나는 역한 냄새가 나쁜 귀신을 쫓아낸다고 생각했어요.

야광귀 쫓기

야광귀는 설날 밤에 찾아와 자기 발에 맞는 신발을 훔쳐 신고 달아난다는 귀신이에요. 야광귀한테 신발을 빼앗기면 한 해 동안 재수가 없다고 해서 아이들은 설날 밤에 신발을 꽁꽁 숨겨 두고 잠자리에 들었어요.
야광귀를 쫓는 방법은 문 앞에 체를 걸어 두는 거예요. 숫자 셈하기를 좋아하는 야광귀가 체에 난 구멍을 세다가 밤을 꼬박 새우고는 새벽닭이 울면 도망간다고 하지요. 이 책에 나오는 야광귀 생김새는 그림 작가가 상상으로 그린 모습이에요.

윷놀이

나무로 깎은 윷가락 네 개와 윷말 네 개, 윷판만 있으면 누구나 즐길 수 있어요. 도, 개, 걸, 윷, 모는 가축을 뜻해요. 도는 돼지, 개는 개, 걸은 양, 윷은 소, 모는 말을 가리켜요.

"엄마, 부럼 사 오셨어요?"

저녁상 앞에 앉자마자 두복이 입에서는 잔소리가 튀어나왔어.

"한두복! 이제 좀 그만하세요. 저녁상 차림 좀 봐라. 엄마가 얼마나 힘들었을지 알면 고맙다고 인사부터 해야 하는 거 아니야?"

식탁에는 오곡밥과 아홉 가지 나물이 정성스럽게 차려져 있었어. 두복이는 엄마를 들들 볶았지. 이번 정월 대보름에는 무슨 일이 있어도 오곡밥과 아홉 가지 나물을 먹어야겠다며 하루도 안 빠지고 엄마를 귀찮게 했어.

"어때? 맛있어?"

"네. 근데 할머니가 해 주신 것보다는 별로예요."

"어이구, 그러시겠지요."

"이거 엄마가 다 손수 만든 거 아니잖아요. 나물들 다 시장에서 사 오신 거 아니에요?"

엄마는 속으로 뜨끔했어. 하지만 할 말은 해야 할 것 같았지.

"그럼 먹을 사람도 없는데 엄마가 아홉 가지나 되는 나물을 다 사서 일일이 다듬고 볶고 해야 하겠어? 호박나물이랑 시래기나물은 할머니가 작년에 말렸다가 설에 챙겨 주신 걸로 엄마가 만든 거야."

"어쩐지 그게 가장 맛있어요."

"호호, 그렇지?"

"네. 할머니 손맛이 들어 있어서 그런가 봐요."

"아이고, 할머니께 전화라도 드려야겠네. 우리 집안에 효손 났다고! 할머니가 감격에 겨워 우시는 거 아닌지 모르겠다."

엄마는 두복이 말을 농담으로 듣는 것 같았어. 하지만 두복이는 할머니 생각이 정말 많이 났어. 작년 정월 대보름에 할머니는 며칠 전부터 말린 나물들을 물에 불리고 깨를 볶고 들기름을 짜 오시며 정성스러운 밥상을 준비해 주셨거든.

"할머니, 난 나물 맛없어서 먹기 싫어요."

"오늘은 그래도 먹어야 한다. 우리 손자, 올해는 더위 먹지 말고 건강하라고 할미가 만든 거니까 하나도 빼지 말고 한 젓가락씩이라도 꼭꼭 씹어 먹어라."

할머니는 아홉 가지 나물을 두복이 밥 위에 살며시 얹어 주셨어. 그러면서 대보름에 아홉 가지 나물을 먹으면 한 해 내내 더위를 안 먹는다는 이야기를 해 주셨지.

"할머니, 난 잡곡밥 싫은데……."

"오늘 하루만 참아라. 정월 대보름에는 이렇게 찹쌀, 수수, 팥, 콩, 차조를 넣어서 오곡밥을 만들어 먹는 거야."

두복이가 싫어하는 잡곡밥에 나물이었지만 그날만큼은 할머니의 정성을 생각해서 별 투정 없이 밥 한 그릇을 뚝딱 해치웠지. 두복이는 지난 정월 대보름을 떠올리며 엄마가 차려 주신 저녁도 맛있게 먹었어.

이튿날 아침, 눈을 뜨기 무섭게 부엌으로 달려간 두복이는 전날 밤에 아빠가 사 오신 부럼 꾸러미를 찾아냈어.

"야호!"

세수를 하고 난 뒤 두복이는 출근 준비를 하느라 바쁜 엄마 아빠를 불렀어.

"엄마 아빠, 우리 부럼 깨물기 해요!"

"여보, 저 녀석 귀찮아 죽겠어요. 오곡밥에 나물 타령을 하지를 않나 부럼 깨물기를 해야 한다고 노래를 부르지 않나, 어머님 댁에서 지내는 동안 주워들은 건 많아가지고……."

엄마 아빠가 부럼이 담긴 쟁반 앞으로 다가와 앉자 두복이가 얼른 땅콩을 껍질째 하나 집어 들더니 입에 넣고 깨물었어.

"와작!"

그러고는 대문을 열고 땅콩을 밖으로 집어 던지며 큰 소리로 외쳤지.

"부럼이야!"

그 모습을 지켜보던 엄마 아빠는 그저 웃음밖에 나오지 않았어.

"여보, 우리 두복이한테 더위나 팝시다."

아빠가 엄마한테 소곤거렸어. 그러고는 엄마 아빠 둘이 한꺼번에 두복이를 큰 소리로 불렀지.

"두복아!"

"네!"

"엄마 더위 사라!"

"아빠 더위도 사라!"

"아차! 깜빡했다. 에이, 작년에 할머니는 일부러 기다렸다가 제 더위를 사 주셨는데 두 분은 너무하는 거 아니에요?"

두복이가 억울하다는 듯 입을 실룩거리며 말했지.

"뭐 어떠냐? 먼저 파는 사람이 임자지."

그날 아침, 두복이는 제 나이만큼 부럼을 깨물면서 나쁜 귀신들을 멀리멀리 내쫓았어.

한 해 만에 서울로 다시 돌아오자 두복이 친구들은 두복이를 무척 반겨 주었어. 그리고 곧 예전처럼 함께 어울려 지냈지. 하지만 친구들이 보기에 두복이는 한 해 전과는 어딘가 달라져 있었어. 아이들은

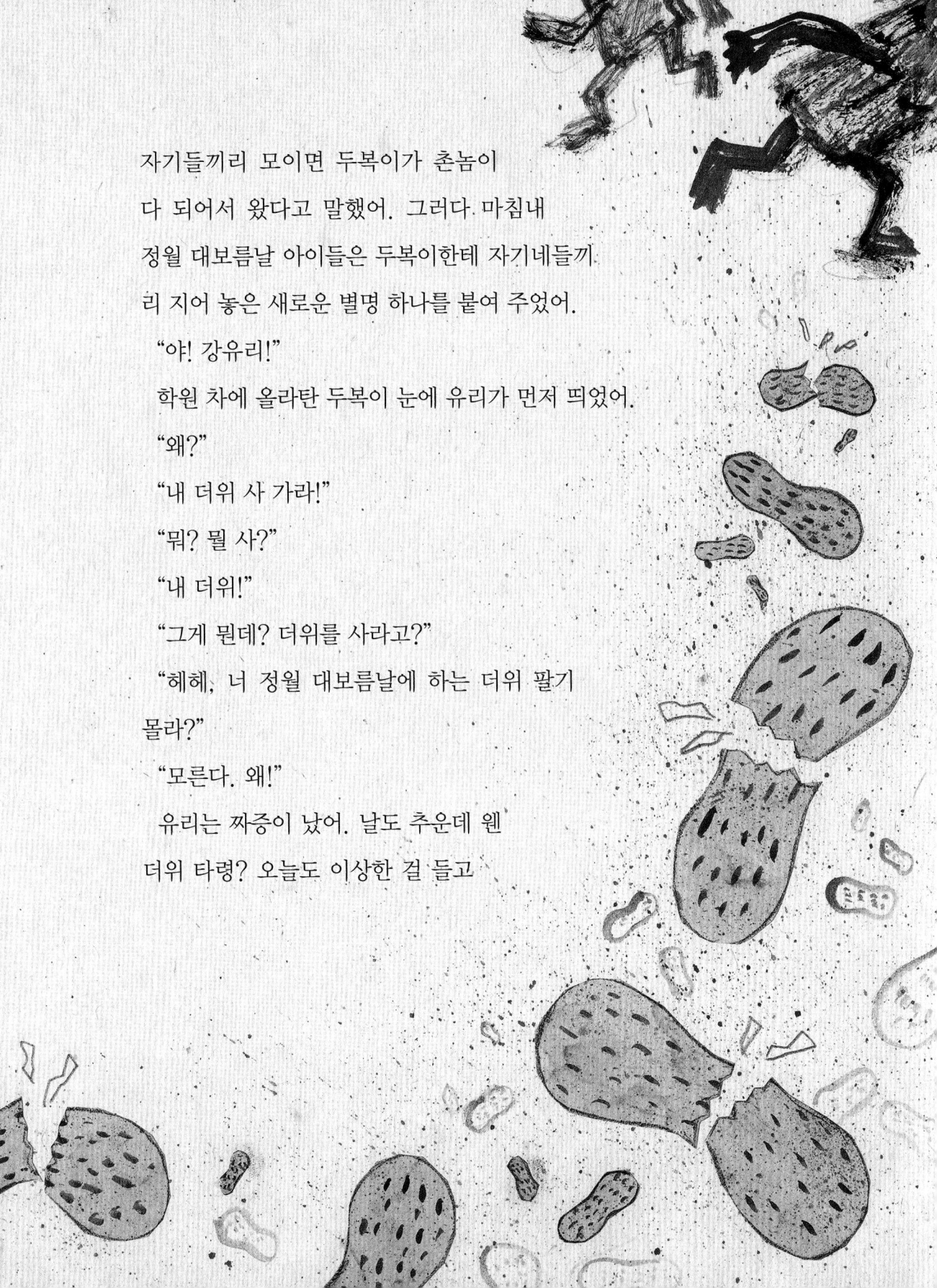

자기들끼리 모이면 두복이가 촌놈이 다 되어서 왔다고 말했어. 그러다. 마침내 정월 대보름날 아이들은 두복이한테 자기네들끼리 지어 놓은 새로운 별명 하나를 붙여 주었어.

"야! 강유리!"

학원 차에 올라탄 두복이 눈에 유리가 먼저 띄었어.

"왜?"

"내 더위 사 가라!"

"뭐? 뭘 사?"

"내 더위!"

"그게 뭔데? 더위를 사라고?"

"헤헤, 너 정월 대보름날에 하는 더위 팔기 몰라?"

"모른다. 왜!"

유리는 짜증이 났어. 날도 추운데 웬 더위 타령? 오늘도 이상한 걸 들고 나와서 잘난 체를 하는 두복이가 정말 꼴불견이라고 생각을 했지.

두복이는 유리가 화를 내는 까닭을 도무지 몰랐지만 그냥 참기로 했어. 그래서 아무런 대꾸도 안 하고 맨 뒤 의자에 가서 앉았지.

십 분쯤 지나자 차가 학원 앞에 도착했고 아이들이 차에서 우르르 내렸어. 맨 마지막으로 두복이가 내리려는데 마침 학원에서 막 나오는 승재가 눈에 들어왔어.

"박승재!"

승재가 두복이를 보고는 손을 흔들었어.

"어. 두복아, 지금 오냐?"

"응, 승재야!"

"왜?"

"너 내 더위 사라!"

"뭐? 더위?"

"하하, 너도 몰라? 정월 대보름에 하는 더위 팔기! 누구든 먼저 '내 더위 사가라!' 하고 외치면 그 말을 들은 사람이 더위를 모두 가져가는 거야."

"그래, 내가 살게. 근데 너도 그 촌놈 티 좀 그만 내라."

승재가 답답하다는 듯 말했어. 그러자 어디에 있었는지 유리가 두

사람 곁으로 다가오며 말했지.

"맞아. 너 우리가 부르는 네 별명이 뭔지 모르지?"

"내 별명?"

"그래. 바로 별별촌놈이야. 별의별 쓸데없는 것들만 잔뜩 아는 체하는 촌놈!"

유리 말을 들은 두복이는 갑자기 머리가 띵하고 귓속이 윙윙 울리는 것 같았어. 하지만 애써 태연한 척 웃음을 지어 보였어.

"하하, 웃긴 별명이네."

유리가 안 돌아보고 쌩하게 학원 건물로 들어가 버리자 어디를 가려던 승재가 뒤돌아서더니 어정쩡하게 다시 두복이를 따라왔어.

"그거 내가 붙인 별명은 아니다. 오해는 하지 마."

두복이는 승재한테 아무 대꾸도 안 하고 가던 길을 꿋꿋이 걸어갔어.

정월 대보름 세시 풍속

새해 첫 보름달이 뜨는 음력 1월 15일을 정월 대보름이라고 해요. 음력에서는 보름달이 뜨는 15일을 보름이라고 하는데, 음력 1월 15일은 그런 보름 가운데에서도 으뜸이라고 해서 '대보름'이라고 했지요. 설날부터 대보름까지를 보통 '정초'라고 하는데, 이때 하는 세시 풍속과 민속놀이가 아주 많아요.

부럼 깨기와 더위팔기

정월 대보름날 아침에는 호두나 땅콩, 잣, 밤, 은행과 같은 부럼을 큰 소리가 나게 깨무는 풍습이 있어요. 그래야 부스럼이나 종기가 안 나고 한 해를 건강하게 날 수 있다고 여겼지요. 또 부럼을 깨무는 소리에 놀란 귀신들이 도망을 친다고도 생각했어요. 기름기가 있는 견과류는 실제로 부스럼을 막아 주는 음식이에요.

더위팔기는 한여름에 더위 먹지 말고 건강히 지내길 바라는 마음에서 하던 재미난 풍습이에요. 대보름날 아침에 누군가를 불러서 그 사람이 대답을 하면 '내 더위 사 가라.' 하고 말하는데, 대답을 한 사람은 어쩔 수 없이 더위를 사야 하고 더위를 판 사람은 그해 여름에 더위를 먹지 않는다고 해요.

달맞이와 달집 태우기

달맞이는 초저녁에 높은 곳에 올

라가 달을 보고 소원을 비는 것을 말해요. 솔가지나 짚을 모아 마을 언덕이나 들판에 달집을 만들어 놓고, 보름달이 뜨면 풍년을 기원하며 불을 붙여 태우기도 했어요.

용알뜨기, 복토 훔치기, 벼가릿대 세우기

대보름날 새벽에 가장 먼저 우물물을 길어 오면 그해 농사가 잘된다고 생각했어요. 이것을 용알뜨기라고 해요.
복토 훔치기는 부잣집 흙을 몰래 훔쳐다가 자기 집 부뚜막에 바르는 것을 말해요. 이렇게 하면 부잣집의 복이 자기 집으로 들어와서 부자가 된다고 믿었어요.
정월 대보름 전날에는 벼가릿대를 세우는 풍습도 있어요. 짚단 아래쪽을 묶고 그 안에 벼, 보리, 조와 같은 곡식의 이삭을 넣은 뒤 위를 묶어서 긴 장대에 매달아 높이 세우는 것을 말해요.

정월 대보름에 먹는 음식

정월 대보름에는 오곡밥과 아홉 가지 나물, 귀밝이술을 먹는 풍습이 있어요. 오곡밥은 찹쌀, 조, 수수, 팥, 콩을 넣어 지은 밥이에요. 동네를 돌아다니며 세 집 넘게 오곡밥을 얻어먹으면 그해 운이 좋다고 했어요. 또 지난해 여름에 말려 둔 묵은 나물 아홉 가지로 반찬을 해서 먹으면 더위를 먹지 않는다고 했지요. 귀밝이술은 대보름날 아침에 차게 해서 마시는 술이에요. 아이든 어른이든 누구나 이 술을 한잔 마시면 귀가 밝아지고 한 해 동안 좋은 소식만 듣게 된다고 해요.

대보름날 아침에는 사람이 먹는 것과 같이 소한테도 오곡밥과 나물을 차려 주었어요. 이때 소가 오곡밥을 먼저 먹으면 풍년이 들고, 나물을 먼저 먹으면 흉년이 든다고 점을 치기도 했지요. 하지만 개한테는 아무런 먹을 것도 주지 않았어요. 대보름날 개가 먹이를 먹으면 여름에 피부병이 생긴다고 믿었기 때문이에요.

대보름에 즐기는 민속놀이

정월 대보름을 대표하는 놀이는 뭐니 뭐니 해도 논둑과 밭둑에 불을 놓아 나쁜 벌레들을 잡는 쥐불놀이예요. 깡통이 들어온 뒤로는 깡통에 나뭇가지를 넣고 불을 붙여 빙빙 돌리는 깡통 돌리기로 쥐불놀이를 하게 되었지요.

대보름 전날인 14일에는 겨울 내내 가지고 놀던 연에 식구들 이름이나 나쁜 일이 없어지라는 글을 써서 하늘 높이 띄웠어요. 그리고 해가 질 무렵에 연줄을 끊어 연을 멀리 날아가게 했지요. 이것을 액막이 연날리기라고 해요.

대보름날에는 줄다리기도 많이 했어요. 남녀로 나뉘어 했는데, 여자 편이 이겨야 풍년이 든다고 해서 반드시 여자 편이 이기게 했어요. 여자 편에는 남자아이들까지 힘을 모으고, 할머니들은 회초리를 들고 남자 편으로 가서 줄을 잡은 남자들의 종아리나 손을 때려서 방해를 했지요. 그러면 남자들은 웃으면서 져 주었어요.

이월의 세시 풍속

음력 2월이 되면 우리 조상들은 한 해 농사를 새로 시작하려고 여러 가지 준비를 했어요. 농기구를 꺼내 손질해 놓고, 논과 밭에 거름도 주며 땅에서 새 기운이 돋아나기를 기원했지요.

머슴날

음력 2월 1일은 머슴날이에요. 지금은 사라지고 없지만 옛날 양반집에는 농사일을 도맡아 해 주는 머슴이 있었지요. 2월이 되면 농사일이 아주 많아져서 머슴들은 쉴 틈 없이 고된 나날을 보내야 했어요. 그래서 주인은 일이 아주 바빠지기 전인 2월 1일 하루 동안 술과 고기 같은 맛난 먹을거리를 듬뿍 차려 주며 머슴들이 즐겁게 놀고 먹을 수 있는 자리를 마련해 주었지요.

영등제

2월 날씨는 맑고 따뜻하다가도 다시 겨울이 온 듯 춥기도 하고, 때로는 아주 매서운 바람이 쉬지 않고 불기도 해요. 사람들은 2월 날씨가 변덕스러운 것은 영등 할머니 때문이라고 생각했어요.

영등 할머니는 바람을 다스리는 신인데, 할머니가 노하면 매서운 바람이 불어 농사와 고기잡이에 큰 피해가 난다고 믿었지요. 그래서 사람들은 영등 할머니가 땅으로 내려오는 음력 2월 1일부터 땅에 머무는 20일 동안 온 정성을 다해 할머니를 모셨어요.

영등제는 주로 바닷가 마을에서 많이 지냈는데, 떡과 음식을 마련해 제사를 올리며 한 해 내내 좋은 날과 복을 내려달라는 기도를 올렸답니다.

"사모님, 이사 날짜는 언제로 할까요? 이달에 손 없는 날은……."

"어유, 됐어요. 아무 때나 하면 되지, 손 없는 날이 무슨 소용 있나요? 그냥 주말로 정할게요."

부동산 사무실에서 이사 날짜를 의논하던 사람들 머리 위로 무언가 휙 지나가는 기운이 느껴졌어.

"어머! 이게 뭐야?"

"사모님, 왜 그러십니까?"

"지금 봤어요? 뭔가 위로 검은 게 지나갔는데?"

"네? 그럴 리가요? 아무것도 없는데요?"

"이상하네. 내가 잘못 봤나?"

부동산에서 큰 길을 건너면 예식장이 있어. 거기 일 층에 있는 상담실에서는 혼인을 앞둔 부부가 예식 날짜를 알아보고 있었어.

"날짜를 손 없는 날로 정하려면 좀 일찍 오셨어야 했어요. 그날은 저녁 여섯 시까지 예식이 꽉 차 있거든요."

"그래요? 그럼 어떡하죠? 저희는 꼭 여기에서 하고 싶은데……."

"우리 그냥 그 다음 주에 해요. 손 없는 날이니 뭐니 하는 거 다 미신이야."

"하긴 그래. 그렇게 하자."

'흐흐흐.'

"어? 이게 무슨 소리지?"

"아무 소리도 안 들렸는데."

"아냐, 방금 기분 나쁘게 비웃는 듯한 웃음소리가 들렸어."

"호호, 신부님이 너무 예민해서 헛소리가 들리셨나 봐요. 저도 아무 소리도 못 들었는데요."

"그래요? 이상하네."

예비 신부가 고개를 갸웃거리며 둘레를 두리번거렸어.

예식장 옆 건물에는 한창 마무리 공사를 하고 있는 가게가 있었지.

"사장님, 공사를 다음 주까지 모두 끝내드릴 수 있을 것 같습니다. 그러면 개업 날짜를 음력 삼월 십구일로 정하실 수 있겠네요. 그날이 손 없는 날이니까요."

"하하하, 요즘처럼 바쁜 세상에 누가 그런 쓸데없는 일까지 마음 쓰고 산답니까? 난 손 없는 날 같은 건 믿지도 않아요. 그냥 날짜 상관 말고 일이나 제대로 해 주세요. 개업 날

짜는 내가 생각해 둔 다른 날이 있으니까요."

"그래도 손 없는 날로 잡으시는 게 좋지 않을까요?"

"아니, 됐소."

가게 사장과 공사를 책임지고 있는 실장이 이야기를 나누고 있었지.

"아야!"

망치질을 하던 인부가 갑자기 손을 감싸 쥐고는 바닥을 뒹굴었어.

"이보게, 자네 왜 그러나?"

"으윽, 망치질을 하는데 누군가 제 어깨를 세게 미는 바람에 그만 제 손을 망치로 때리고 말았어요."

"뭐? 그런 말도 안 되는 소리가 어디 있나? 내가 바로 자네 뒤에 있었는데 난 자네를 친 적이 없네."

"으윽, 아니에요. 정말 누가 저를 밀었어요."

"쯧쯧, 그럼 여기 우리 세 사람 말고 귀신이라도 있다는 말인가? 그나저나 손은 좀 어떤가?"

"괜찮습니다. 근데 정말 귀신이 곡할 노릇이네요."

음력 삼월이 되자 따뜻한 봄기운이 집안과

거리 곳곳으로 퍼져 갔어. 두복이는 이제 친구들 사이에서 별별촌놈으로 제법 이름값을 누리고 있어. 그렇게 된 데에는 봄 소풍이 한몫을 단단히 했지.

학교에서 봄 소풍 날짜를 처음 알려 주던 날, 아이들은 신이 나서 박수를 치고 환호성을 질렀어. 두복이가 수첩에 소풍 날짜를 찾아 동그라미를 치려던 순간, 커다란 숫자 아래 적힌 작은 음력 날짜가 눈에 들어왔지.

'어? 음력으로 삼월 삼일 삼짇날이네?'

두복이는 선생님들이 분명 일부러 그날을 소풍 날짜로 정했을 거라고 생각했어. 삼짇날은 우리 조상들이 경치가 좋은 산과 들, 물가를 찾아 봄 소풍을 떠나던 날이니 학교에서도 그런 뜻을 헤아려 날짜를 정했을 거라고. 그런 생각을 하고 나니 두복이도 괜히 기분이 좋아지는 것 같았지.

그런데 문제는 그날 마지막 수업 시간에 터져 나왔어.

"자, 오늘 수업은 여기까지 하고 남은 시간에는 곧 있을 소풍 준비를 좀 해 보자."

담임 선생님은 소풍을 가서 어떻게 하면 즐거운 시간을 보낼 수 있을지 좋은 생각이 있으면 함께 이야기를 나누어 보라고 하셨어.

두복이는 문득 떠오른 생각이 있었지만 아이들 이야기부터 들어 보기로 했지.

"우리 반 아이들끼리 하는 장기자랑은 재미없으니까 다른 반과 짝을 이루어 반 대항 겨루기를 하면 어떨까요?"

"보물찾기를 하는데 돈을 모아서 상품을 좀 큼지막한 걸로 하면 좋겠어요."

"점심 차림 몇 가지를 정한 다음에 거기 가서 우리가 만들어 먹어요."

민서의 말에 아이들은 재미있겠다며 박수를 쳐 주었어. 그러자 두복이도 용기를 낼 수 있었지.

"저는 그날이 삼짇날이니 화류놀이를 하는 게 어떨까 생각합니다."

두복이의 말에 아이들이 여기저기에서 쿡쿡거리기 시작했어. 한마디로 누가 별별촌놈 아니랄까 봐 티를 내고 있냐는 듯한 분위기였지.

"삼짇날? 두복아, 그날이 삼짇날이야?"

담임 선생님이 뜻밖이라는 듯 달력을 들춰 보며 말씀하셨어. 아이들의 웃음소리를 보나, 선생님의 시큰둥한 반응을 보나 두복이는 조금 전에 내뱉은 자기 말을 다시 주워 담고 싶은 기분이었지. 하지만 칼을 뺐으니 무라도 잘라야 한다고 생각했어.

"우연인지 모르지만 예부터 우리 조상님들이 봄 소풍을 가던 삼짇날에 우리도 소풍을 가게 되었으니까 조상님들이 하던 대로 화류놀이를 해 보는 것도 뜻깊을 것 같습니다."

아이들의 반응은 차가웠어. 두복이 의견은 그냥 그렇게 묻혀 버리고 말았지. 그 대신 두복이의 별별촌놈이란 별명은 더 멀리 빠르게 퍼져 갔어.

삼짇날이 지나고 시골에 계신 할머니는 손수 담근 고추장과 된장을 들고 서울 두복이네 집에 찾아오셨어.

"어머니, 이 무거운 걸 어떻게 가지고 오셨어요? 그냥 오셔도 되는데……."

그러면서도 엄마는 장맛이 좋다며 입가에서 웃음이 떠나지 않았어.

"삼짇날 지나고 돌아오는 첫 손 없는 날에 담갔다. 올해는 좋은 날을 받아 만들었으니 장맛이 더 좋을 게야."

그때 두복이는 거실에 앉아서 텔레비전 채널을 빠르게 돌리고 있었지. 뉴스 채널을 지나치려는데, 커다란 자막이 눈에 들어왔어.

'손귀의 장난인가? 이사 업체에 손해 배상 요구 잇따라.'

아나운서의 소개와 기자의 취재로 이어진 사건은 놀라웠어.

"조상 대대로 물려오는 도자기가 깨져 버렸어요. 이사 업체에서는 자기네 잘못이 아니라고 하는데, 그럼 이걸 누가 깨뜨렸겠어요?"

화면 속에서는 웬 아저씨가 깨진

도자기를 들고 눈물을 글썽이며 말했어.

"정말 이상합니다. 저희 회사에서도 이번 주 음력으로 십구일, 이십일 딱 이틀만 아무 탈 없이 지났지 그 주 닷새 동안은 정말 야단도 아니었어요."

이사 업체에서는 손 없는 날만 빼고 다른 날에는 손님의 물건이 깨지고 부서지거나 감쪽같이 사라져 버려 손해가 엄청났다고 하소연을 했어.

다음 장면에서 기자는 썰렁한 예식장을 배경으로 서 있었어.

"이번 일은 이사 업체와 소비자들의 분쟁에 그치지 않았습니다. 지난 이십이일 혼인한 서태주 씨는 지방에서 자신의 혼인식에 오던 친척들이 탄 버스가 교통사고가 나는 바람에 하객들이 거의 없는 예식을 치러야 했습니다."

두복이는 침을 꼴깍 삼키면서 뉴스를 뚫어져라 봤어. 곳곳에서 이삿짐이 크게 상하고 사라지는가 하면 새로운 주인을 맞아 새 단장을 마친 가게에서는 갑자기 원인 모를 불이 났다고 했어. 또 예식장마다 크고 작은 사건 사고가 끊이지 않았고 교통사고도 정말 많이 일어났다는 거야. 그런데 정말 이상한 건 이 모든 사건들이 손 없는 날만 쏙 빼고 일어났다는 사실이야.

두복이는 등골이 서늘해지는 기분이 들었어. 그래서 얼른 일어나 할머니와 엄마가 있는 부엌으로 들어가려고 했지. 그런데 그럴 필요

가 없었어. 할머니와 엄마가 어느새 두복이 뒤에 서서 뉴스를 보고 있었지 뭐야.

"할머니!"

두복이가 할머니 품으로 파고들었어.

"그래, 내 새끼야. 참으로 모를 일이다, 그렇지?"

두복이는 근심 어린 할머니의 얼굴을 바라보며 가만히 고개를 끄덕였어.

그날 밤, 두복이 방으로 누군가 찾아왔어.

"두복아, 어서 일어나 봐."

두복이는 누군가 자기 귀에 대고 조용히 속삭이는 소리를 들었어.

"음, 누구야?"

"나야 나, 야광귀!"

"뭐라고?"

두복이는 깜짝 놀라 자리에서 일어나

앉았어. 두복이 눈앞에는 지난 설날 밤에 본 야광귀가 서 있는 게 아니겠어?

"놀라지 마. 지난번에 내가 널 다시 찾아올 거라고 했는데 벌써 잊었어?"

"아, 아니. 기억하고 있어."

"그래? 그럼 그때 네가 했던 말도 기억이 나겠구나? 네 신발을 돌려주는 대가로 내 부탁을 하나 들어주기로 했지?"

두복이는 가슴이 철렁 내려앉았어. 그때는 할머니 집이었고, 야광귀가 서울 집까지는 못 찾아올 거라 생각을 했기 때문이었지.

"그래, 기억나."

두복이는 겨우 입을 열어 조용히 대답했어.

"그때가 바로 지금이야. 손귀가 세상을 더 어지럽게 하기 전에 나를 좀 도와줘."

벌벌 떠는 두복이의 머릿속엔 설날 밤에 그냥 신발을 포기할 걸 그랬다는 후회가 스치고 지나갔어.

삼월의 세시 풍속

음력 3월이 되면 따뜻한 봄바람이 불어오고 산과 들에 꽃들이 활짝 피어나요. 이맘때 우리 조상들은 지난 초겨울에 빚어 둔 메주로 장 담그기를 했어요. 음식 맛이 좋으려면 장맛이 좋아야 하는 까닭에 장 담그는 일은 온 집안의 아주 중요한 행사였어요.

삼짇날

꽃들이 활짝 피어나는 봄이 오면 우리 조상들은 산과 들로 나들이를 갔어요. 그날이 바로 음력 3월 3일 삼짇날이에요.

삼짇날이 되면 장 담그기를 마친 마을 여자들끼리 산과 들로 화전놀이를 갔어요. 찹쌀가루와 기름을 모아 마을 가까운 산에 올라 진달래와 같은 꽃으로 화전(꽃 부침개)을 부쳐 먹었지요. 이 날만큼은 여자들이 술을 마시고 취해도 눈감아 주었다고 해요.

남자들은 편을 갈라 활쏘기 대회를 했어요. 활쏘기가 끝나면 잔치를 열고 술과 음식을 나눠 먹으며 흥겹게 놀았어요.

삼짇날에는 이날 처음 보는 동물이 무엇인가에 따라 한 해의 운을 점쳐 보기도 했어요. 사람들은 노란 나비나 호랑나비, 개구리나 뱀을 보면 좋은 일이 생긴다고 믿었어요. 흰 나비를 먼저 보면 뭔가 안 좋은 일이 생길 거라 생각했다고 해요.

한식

한식은 한 해 가운데 해가 가장 짧은 날인 동지가 지난 지 105일째 되는 날로, 양력으로 치면 식목일인 4월 5일 즈음이에요. 우리 조상들은 한식이 되면 조상의 묘를 찾아 제사를 지내고 정성껏 무덤을 돌봤어요. 왕실에서도 종묘에 제사를 지내고, 관리들한테 휴가를 내려 성묘를 다녀오게 했지요.

한식(寒食) 날에는 찰 한(寒), 먹을 식(食) 자를 쓰는 것에서 알 수 있듯이 찬 음식을 먹는 풍습이 있어요. 한식 전날 음식을 미리 해 두고 한식 날엔 하루 종일 불을 때지 않았지요. 이맘때는 한 해 가운데 가장 날씨가 건조하고 바람도 많아 불이 나기 쉬웠어요. 한식 날에 찬 음식만 먹는 데에는 불조심을 하자는 뜻도 숨어 있답니다.

손 없는 날이란?

어른들한테 '손 없는 날'이란 말을 한번쯤은 들어 보았지요? 손 없는 날이란 손귀가 땅에 없는 날을 말해요.

손귀는 사람들이 하는 일을 방해하고 안 좋은 일이 생기게 하는 나쁜 귀신이에요. 손귀는 이렇게 사람들을 괴롭히다가 음력 9일과 10일이 되면 하늘로 올라가요. 그래서 사람들은 손귀가 없는 음력 9일과 10일에 혼인이나 이사처럼 중요한 일을 치렀어요. 조상들의 묘를 돌보는 중요한 일도 손 없는 날을 골라서 했는데, 한식에 조상들의 묘를 찾아가 돌보는 까닭도 바로 이 무렵이 손 없는 날이기 때문이지요.

손귀가 어떻게 생겼는지는 아무도 몰라요. 역귀도 마찬가지고요. 이 책에 나오는 손귀와 역귀는 그림 작가가 상상으로 그린 모습이에요.

사월의 세시 풍속

음력으로는 4월부터가 여름이에요. 농사일이 가장 바쁜 철로 접어드는 음력 4월에는 보리 베기와 모내기 준비에 들어가지요. 여름철엔 농사일로 정신이 없다 보니 다른 때보다 세시 풍속 행사도 적은 편이에요.

관등놀이(연등놀이)

부처님이 태어난 음력 4월 8일을 사월 초파일이라고 해요. 삼국 시대에 우리나라에 처음 들어온 불교는 고려 시대를 거쳐 온 나라의 종교로 자리 잡았지요. 부처님 오신 날에 하던 여러 가지 행사들은 자연스럽게 백성들 사이에 퍼져 세시 풍속으로 이어졌어요.

사월 초파일이 다가오면 사람들은 여러 가지 모양으로 정성껏 등을 만들었어요. 연꽃, 수박, 항아리, 북, 종, 잉어, 봉황, 용, 거북과 같이 사물의 모양을 본뜨거나 수복등, 태평등, 만세등처럼 등에 써 넣은 글씨에 따라 이름을 붙여 식구 수만큼 만들었지요. 이 등을 초파일 저녁부터 이튿날 밤까지 밝히며 소원을 빌었어요.

탑돌이

초파일 저녁이 되면 사람들은 절에 모여 마음속으로 소원을 빌면서 탑 둘레를 빙빙 돌았어요. 이런 풍습을 '탑돌이'라고 하지요.

탑돌이의 기원은 석가모니가 살아 있을 때 제자들이 석가모니한테 예를 올린 다음 오른쪽으로 세 번 돌던 풍습이라고 해요.

초파일에 먹는 음식

초파일 음식 가운데 대표로 꼽을 수 있는 것은 느티떡이에요. 쑥쑥 자라는 느티나무처럼 불교가 널리 퍼지길 바라는 마음에서 만들어 먹었다고 하지요. 초파일 무렵에 돋아나는 어린 느티나무 잎을 따다가 쌀가루와 팥 따위를 넣고 버무려서 쪄 먹었어요.

초고추장에 미나리를 찍어 먹는 미나리강회도 즐겨 먹었어요. 미나리를 삶아서 파 대가리나 마늘에 둘둘 감아 초고추장에 찍어 먹는 음식이에요.

"정, 정말? 그, 그게 손귀가 친 장난 때문이라는 거야?"

두복이가 말을 더듬으며 떨리는 목소리로 물었어.

"그렇다니까. 하늘나라에서도 지금 말들이 많아. 옥황상제님이 허락을 하긴 했지만 손귀가 하루아침에 세상을 이렇게 시끄럽게 만들 줄은 몰랐다는 거지."

야광귀는 두복이한테 낮에 뉴스에서 나온 사건 사고가 왜 일어났는지 이야기했어. 야광귀는 사람들이 잘 몰라서 그렇지 알려진 것보다 훨씬 더 심각한 일이 많이 일어났다고 했지.

"참 희한하게 사람들은 자기가 잃어버린 물건이 있다는 것조차 모르더라. 또 사고를 당한 사람들도 그게 손귀가 벌인 장난인지는 상상도 못하는 거 같아."

두복이는 야광귀의 말을 믿어야 할지 말아야 할지 머릿속이 마구 뒤엉켰어. 게다가 자신이 야광귀를 도와야 하는 게 뭘까 점점 두렵기만 했지.

"근데 내가 뭘 도와야 해?"

"나랑 같이 손귀랑 역귀의 생각이 틀렸다는 걸 보여 주면 돼. 그러

니까 조왕신님이랑 여러 집안 신들이 주장하는 것처럼 사람들을 혼내지 않고도 우리 풍속이 얼마든지 재미있고 일리가 있다는 것을 사람들한테 알리자는 얘기지."

야광귀의 말을 들으니 두복이는 한숨이 절로 났어.

"그걸 왜 또 너랑 내가 해야 해?"

"너도 알다시피 난 사람들한테 해를 끼치는 귀신이 아니잖아. 이런 일에는 내가 제격이지. 그리고 넌 조왕신님이랑 내가 적극 추천했어."

"아이고!"

"왜? 너도 별별촌놈이란 기분 나쁜 별명에서 벗어날 좋은 기회라고 생각하지 않아?"

두복이는 기가 막혔어. 그 기분 나쁜 별명보다 그 별명이 하늘나라에까지 소문이 나 있다는 사실에 더 자존심이 상했지.

"그래서 이제 뭘 어떻게 할 건데?"

두복이가 뾰로통하게 물었어.

"먼저 손귀가 잠잠한 틈을 타서 핼러윈 데이 못지않은 우리 풍속 잔치를 보러 가자."

"손귀가 잠잠하다고?"

야광귀는 이번 일로 옥황상제에게 혼이 난 손귀가 한동안은 소란을 안 피울 거라고 했어. 야광귀의 말에 두복이는 조금 마음이 놓였지.

"우리 풍속 잔치? 그게 뭔데?"

"강릉에서 열리는 단오제 말이야."

"단오제? 단옷날은 음력 오월 오일이잖아. 단옷날이 되려면 아직 더 남았는데."

"그렇지. 그런데 강릉에서 하는 단오제는 벌써 열리고 있어."

야광귀는 강릉에서 열리는 단오제는 음력 삼월 이십일쯤에 시작해 단옷날까지 오십 일도 넘게 이어진다고 했어. 그건 두복이도 처음 들은 이야기였지.

"난 엄마 아빠 허락 없이 그렇게 먼 데까지는 갈 수 없어."

"걱정 마. 우리가 미리 다 준비를 해 놓았으니까."

이튿날, 학교에 간 두복이는 전날 밤에 야광귀가 한 말이 무슨 뜻이었는지 알게 되었어.

"어디 보자. 우리 학교를 대표하는 녀석들이 얼마나 똑똑하게 생겼는지!"

교장 선생님이 교장실로 들어선 두복이와 유리, 승재를 차례로 바라보며 웃고 있었어. 하지만 얼떨결에 교장실까지 불려 온

세 아이들은 잔뜩 얼어붙은 얼굴을 좀처럼 풀지 않았지.

 두복이는 이 모든 게 야광귀와 그 일당들이 꾸민 일이라는 걸 알고 있었어. 그래서인지 자신이 그들에게 끌려 다니고 있다는 생각에 기분이 썩 좋지 않았지. 나머지 두 아이들은 별별촌놈과 함께 엮여 있다는 게 별로 탐탁지 않은 것 같았어.

 "담임 선생님한테 이야기는 들었겠지?"

 "네."

 "그래, 선생님 말씀대로 너희가 이번 강릉단오제 어린이 퀴즈 대회에 나가게 되었단다. 원래 예정에 없던 일이었는데, 갑자기 우리 학교랑 자매 학교인 강릉 해송 초등학교에서 연락이 왔지. 우리 학교 아이들이 꼭 이번 대회에 나와 주면 좋겠다고 말이야."

 교장 선생님은 세 아이들한테 차근차근 말했어.

 '으윽, 어제 야광귀 녀석이 한 말이 이거였군.'

 교장 선생님의 말을 들으며 두복이는 어금니를 앙 다물었지.

 "세 사람 모두 대회에 나가 최선을 다하고 돌아오기를 바란다."

 "네. 꼭 좋은 결과를 내서 학교의 이름을 빛내고 싶어요."

 유리가 웬일인지 제법 어른스럽게 대답했어. 몇 분 뒤 교장실 밖으로 나온 뒤에는 아주 다른 얼굴로 두복이를 당황하게 했지만 말이야.

 "야, 한두복! 네가 우리를 골탕 먹이려고 끌어들인 거 아니야?"

 "뭐?"

"생각해 봐. 그런 대회랑 넌 정말 잘 어울리지만 승재랑 난 아니잖아? 혹시 네가 먼저 뽑히고 난 다음에 선생님한테 우릴 추천한 거 아니야?"

"참! 네 멋대로 생각해."

두복이는 다른 때와 달리 유리한테 차갑게 쏘아붙였어.

"가기 싫으면 그만둬라! 야광귀가 다시 찾아오면 나도 너랑 같이 가기 싫다고 말할 거니까."

"뭐? 누가 찾아와?

"……."

"승재야, 쟤가 지금 뭐랬어?"

"야광귀라고 한 거 같은데?"

"야광귀? 귀, 귀신?"

두복이는 놀란 얼굴로 우뚝 멈춰 선 두 아이를 돌아보지도 않은 채 뚜벅뚜벅 교실로 걸어갔어.

얼마 뒤, 대회에 나가야 하는 주말이 되었지만 그때까지 야광귀는 모습을 드러내지 않았어. 두복이는 유리한테 말한 대로 야광귀가 나타나면 유리 대신 다른 여자아이와 같이 가게 해 달라고 말할 셈이었지. 하지만 야광귀는 끝내 나타나지 않았어.

드디어 대회에 나가는 날, 담임 선생님과 함께 간 곳에는 다른 학교 대표로 나온 아이들이 정말 많았어. 그곳에는 아이들을 태워 갈 버스

가 늘어서 있었고, 버스마다 버스 길이만 한 현수막에 '강릉단오제 어린이 퀴즈 대회'라고 적혀 있었지. 그 현수막을 보니 두복이는 갑자기 마음속에 뜨거운 불이 훅 하고 붙는 기분이 들었어.

"자, 앞에 2호 차라고 적힌 버스를 타고 갔다가 저녁에 다시 여기서 내리는 거야. 그땐 부모님들이 나와 계실 거야. 버스 옆에 붙은 이 현수막이랑 앞 유리에 붙은 2호 차를 절대 잊으면 안 된다."

담임 선생님은 아이들을 데리고 갈 다른 학교 선생님한테 아이들을 잘 부탁한다는 말을 남기고는 손을 흔들었어.

강릉으로 가는 버스 안에서 두복이는 마음이 뒤숭숭했어. 다른 아이들은 방해받은 아침잠을 보상이라도 받으려는 듯 깊은 잠에 빠져들었지.

세 시간쯤 뒤 버스는 강릉단오제가 한창인 단오장에 아이들을 내려놓았어. 대회가 열리는 곳에는 전국에서 모인 쉰세 개 학교 아이들로 발 디딜 틈이 없었지.

마침내 대회가 열리고, 아이들은 셋씩 한 모둠을 이루어 한 문제씩 차근차근 풀어 나갔어. 두복이와 유리, 승재는 머리를 맞대고 온 집중력을 다해 문제를 풀어 갔지.

"세 번째 문제입니다. 단옷날 여자들은 그네를 타고 남자들은 이 놀이를 즐겨 했습니다. 고려 시대 고분 각저총 벽화에 나오는 이 놀이는 무엇일까요?"

"활쏘기지?"

유리가 승재와 두복이한테 물었어.

"씨름이야!"

"정말? 확실해?"

"확실해. 겨우 세 번째 문제인데 벌써부터 틀리진 않아."

두복이는 하얀 보드 판에 답을 적고 텔레비전에 나오는 형들처럼 답을 번쩍 들어 올렸어.

문제가 나올수록 두복이와 유리, 승재는 점점 자신감이 커져 갔어.

"이번 답은 수리떡이야. 난 우리 할머니가 해 주신 걸 먹어 봤지. 내가 맞을 테니 걱정 마."

"단오선! 이것도 확실해."

"역귀! 이것도 할머니가 해 주신 이야기 속에 나와서 내가 기억해."

두복이의 목소리는 점점 커져갔어. 그만큼 자신이 있었기 때문이지.

"이번 정답은 역귀! 지금까지 스무 문제를 푼 동안 정확히 열 팀이 살아남았군요."

사회자의 말에 마지막 도전을 앞둔 열 팀이 가려졌고, 그 가운데에는 두복이네도 끼어 있었지.

"와! 두복이 정말 멋지다. 네 덕분에 우리가 결승에 갈 수 있었어."

"맞아. 너, 진짜 다시 봐야겠어!"

유리와 승재가 두복이를 바라보는 눈빛은 한 시간 전쯤 버스에서 내릴 때와는 아주 달라져 있었어.

마지막 결승 문제는 모든 아이들한테 같은 목표를 내 주고, 한 시간 안에 정확한 물건을 가장 많이 찾아 오는 팀한테 우승이 돌아가는 거였어. 열 팀이 긴장된 눈빛으로 문제가 나오기를 기다렸어. 그리고 마치 조선 시대 과거 시험장에서 시제가 쓰진 두루마리가 펼쳐지듯 마지막 목표가 발표되었지.

'단오장을 돌며 여러 가지 체험을 해본 뒤, 귀신을 쫓는 뜻과 관계 있는 물건을 모두 가지고 오시오.'

"아아, 너무 어려워."

유리가 불안한지 손톱을 물어뜯고 있었어.

"걱정 마. 하나도 안 어려워. 우리 셋이 단오장 곳곳을 빠르게 둘러보고 한 사람씩 체험할 곳을 나눈 뒤에 물건을 가지고 모이는 걸로 하자."

"좋아!"

두복이의 말에 아이들은 힘차게 고개를 끄덕이고 체험장으로 뛰어갔어.

단오장 곳곳에는 정말 다양한 체험장이 있었어. 모든 곳에 아이들의 발길이 줄을 잇고 있었지. 창포물에 머리 감기, 수리떡 만들기, 단오선 만들기, 그네장과 씨름장, 투호장과 굿이 열리고 있는 굿당…….

"유리야, 넌 창포물에 머리를 감고 거기서 나누어 주는 창포를 가지고 와. 창포 뿌리로 만든 비녀도 잊지 말고."

"알았어."

"승재 넌 수리떡 만드는 곳에 가서 쑥을 넣은 수리떡을 가지고 와."

"응!"

"난 단오선을 만드는 곳에 가서 단오선을 만들어 올게."

"부채? 부채로도 귀신을 쫓았어?"

"응. 옛날에 단오선에 매다는 장식물을 대추나무로 만들어 달았는데, 대추나무에 귀신을 쫓는 힘이 있다고 믿어서였대."

"우아! 너, 그걸 다 어떻게 알았냐?"

승재가 와락 두복이 목을 감싸며 물었어.

"여기 오기 전에 책에서 봤지. 늦기 전에 얼른 가자. 한 시 전에 문제를 낸 곳으로 다시 모이는 거다."

두복이와 유리, 승재는 서로 맡은 체험장으로 뿔뿔이 흩어졌어.

유리는 책에서만 보던 창포를 보고 그걸 삶아 낸 물에 머리를 감아 본다는 것이 보통 신기한 일이 아니었어. 다 감고 보니 정말 머릿결이 부드러워진 것 같았지.

승재도 수레바퀴 문양을 꾹꾹 찍어낸 수리떡으로 허기를 채울 수 있어 기분이 좋았어. 꿀이나 깨도 안 들어있는 떡이 이렇게 맛있을 수 있다는 걸 처음 알았지 뭐야.

두복이는 단오선에 호랑이와 까치를 그렸어. 어디선가 우리 조상들은 호랑이와 까치가 그려진 호작도가 나쁜 귀신을 막는다고 믿었다는 걸 본 기억이 났지. 그림을 다 그린 뒤에는 나무로 만든 장식품을 골라 부채에 매달았어.

"선생님, 이 장식품 대추나무로 만든 거 맞죠?"

"그래. 맞다."

두복이는 만족스럽게 웃으며 부채를 가지고 얼른 그곳을 빠져나왔어. 한 시가 되려면 아직 십오 분쯤 남아 있었지.

두복이는 잠깐 다른 곳에 둘러볼까 하다가 아이들과 만나기로 한 곳으로 발걸음을 옮겼어. 그때 어디선가 낯익은 목소리가 들려왔지.

"너, 제법 멋지더라!"

두복이를 치켜세운 건 다름 아닌 야광귀였어.

"야광귀? 너 귀신이 이렇게 밝은 낮에 돌아다녀도 괜찮아?"

두복이는 야광귀를 자기 옷 속에라도 넣어 숨겨 줘야 하는 게 아닌가 싶은 생각이 들었어.

"하하하, 괜찮으니까 왔지. 그런데 너희, 이제 마지막 문제까지 다 푼 거야?"

"응. 애들을 만나서 단오선이랑 수리떡, 창포랑 창포 뿌리로 만든 비녀를 내면 돼."

"그래? 그게 다야?"

"응. 왜? 무슨 문제라도 있어?"

"있지. 내가 보기엔 그런 것들은 다른 아이들도 다 가지고 올 거 같은데?"

"그래? 하지만……."

말끝을 흐리는 두복이한테 야광귀는 손가락으로 어딘가를 가리켰어. 그곳에는 '쑥, 익모초 뜯기 체험장'이란 푯말이 보였지.

"으악! 저, 저게 왜 지금 보이는 거야?"

두복이는 머리가 쭈뼛 서는 기분이었어.

"걱정 마. 지금까지 저걸 본 아이는 너 하나뿐이니까."

"지금 몇 시지? 시간이 얼마나 남았지?"

두복이가 시계를 보며 헐레벌떡 체험장으로 뛰어갔어.

"아직 십 분 남았네. 얼른 뜯어서 가지고 가면 될 거야."

두복이는 야광귀의 외침을 뒤로하고 체험장 안으로 급히 뛰어들었어. 그러고는 바구니를 들고 쑥과 익모초를 뜯는 아주머니들 틈에 끼어 앉았어.

"두복이는 왜 안 오는 거야?"

유리가 또 손톱을 물어뜯으며 초조해 하고 있었어.

"큰일이다. 이제 삼 분밖에 안 남았어."

승재도 발을 동동 굴렀지.

"저기다! 저기 온다!"

시뻘겋게 달아오른 얼굴로 뛰어오는 두복이를 먼저 알아본 건 유리였어.

"헉헉, 미안해. 아직 안 늦었지?"

"왜 이렇게 늦었어? 그리고 그 바구니는 뭐야?"

"가서 물건부터 내고 말해 줄게."

두복이는 유리와 승재가 가지고 온 물건에

자신이 가지고 온 단오선, 그리고 쑥과 익모초가 든 바구니를 심사위원 앞에 냈어.

　한숨을 돌린 두복이는 유리와 승재한테 쑥과 익모초에 무슨 뜻이 있는지 큰소리로 떠들었고, 결승에 오른 다른 아이들은 모두 알 수 없다는 얼굴로 두복이 이야기를 엿들었어.

"저런 게 있었어?"

"이상하다. 우린 못 봤는데."

"맞아. 뭔가 이상하지 않아?"

　웅성거리는 아이들 틈에서 야광귀가 두복이한테 한쪽 눈을 찡긋하며 씩 웃고 있었어.

오월의 세시 풍속

음력 5월 5일은 단옷날이에요. 우리 조상들은 짝수보다 홀수를 상서로운 숫자로 여겨, 한 해 가운데 홀수가 겹친 날을 기념일로 삼았지요. 이 가운데에서도 음력 5월 5일은 한 해 가운데 가장 양기(만물이 살아 움직이는 활발한 기운)가 왕성한 날로 여겼어요.

단옷날 무렵은 밭에 온갖 곡식을 심고, 논에는 막 모내기를 마친 시기예요. 우리 조상들은 이맘때 잠깐 한숨을 돌리며 그해 농사가 풍년이 들기를 기원하는 뜻으로 단옷날을 크게 쇠었어요.

창포물에 머리 감기

단옷날에 여자와 어린아이들은 창포를 삶은 물에 얼굴을 씻고 머리를 감았어요. 창포물에 머리를 감으면 머리카락이 잘 안 빠지고 머릿결이 부드러워진다고 해요. 나쁜 기운을 막아 준다고 해서 창포 뿌리를 잘라 비녀를 만들어 머리에 꽂기도 했지요. 남자들은 같은 까닭으로 창포 뿌리를 허리에 차고 다녔어요.

단오 부채 만들기

단오가 지나면 한여름으로 접어들어 무더위가 찾아와요. 그래서 단오에는 더위를 잘 견디라는 소망을 담아 부채를 만들어 서로 선물했어요. 이렇게 만든 부채를 '단오선'이라고 해요.

쑥, 익모초 뜯기

단오에는 들판으로 나가 쑥과 익모초를 뜯었어요. 이때 뜯은 쑥과 익모초에는 나쁜 귀신을 물리치는 힘이 있다고 믿었지요. 그 가운데에서도 오시(오전 11시~오후 1시)에 뜯는 쑥과 익모초에 그런 기운이 더욱 강하다고 믿었어요.

수리떡 만들기

단옷날이 되면 쌀가루에 쑥을 넣어 물로 반죽해 수레바퀴처럼 둥글게 바퀴 무늬를 넣어 만든 수리떡을 만들어 먹었어요. 그래서 단옷날을 '수릿날'이라고도 하지요. 단옷날에 수리떡을 먹으면 한 해를 튼튼하게 날 수 있다고 생각했어요.
단옷날 무렵이 제철인 앵두를 따다 씨를 빼고 꿀에 재워 두었다가 찬물을 부어 화채를 만들어 먹기도 했어요.

씨름과 그네뛰기

단옷날 남자들이 가장 많이 즐긴 놀이는 씨름이에요. 여자들은 그네뛰기를 했지요. 보통 때 집 밖으로 함부로 못 나가던 젊은 처녀들도 이날만큼은 곱게 차려입고 밖으로 나와 그네뛰기를 즐길 수 있었어요.

　벌써 한 시간이 넘게 역귀와 손귀는 커다란 나무 그늘 아래 쪼그리고 앉아 있었어. 자꾸 둘레를 두리번거리는 걸 보면 무언가를 찾거나 누군가를 기다리는 게 분명했지.
　"저기 온다."
　"어? 정말이네. 흐흐, 모처럼 맛난 것 좀 먹게 생겼군."
　손귀가 침을 흘리며 어깨춤을 덩실덩실 추었어. 역귀가 가리킨 곳에는 할아버지와 아버지, 그리고 이제 막 초등학생이 됐음직한 아이가 걸어오고 있었지.
　"됐다. 이쯤이 좋겠어."
　아버지는 할아버지가 가리킨 곳에 들고 온 보따리를 가지런히 풀어 놓았어. 그러자 보따리 안에 들어 있던 떡과 고기, 햇과일이 모습을 드러냈지.
　"와! 맛있겠다."
　아이가 침을 꼴깍 삼키며 말했어.
　"허허, 집에 가면 얼마든지 있으니 할머니한테 달라고 해라. 자, 이제 할아버지랑 아빠랑 '농사 잘되게 해 주셔서 고맙습니다.' 하고 절을 하자."

할아버지가 손자한테 말했지.

"아빠, 누구한테 절을 해요?"

"논과 밭을 다스리는 신께 하는 거야. 오늘이 음력으로 유월 십오일 유두라고 하는 날인데, 유두에는 논과 밭을 다스리는 신에게 햇곡식으로 만든 떡과 햇과일을 올리는 제사를 지내. 그걸 농신제라고 하지."

아빠의 말이 끝나자 할아버지와 아빠, 아이는 나란히 서서 정성스레 절을 했어.

"아범아, 이제 음식을 잘 파묻어 두어라."

아버지는 곡괭이로 땅을 파더니 보자기에 음식을 다시 싸서 땅에 묻었지. 그러고는 다시 한 번 공손하게 고개를 숙이고는 밭을 가로질러 곧 사라져 버렸어.

"흐흐, 됐다. 어디 한번 맛 좀 볼까?"

역귀는 손으로 급히 땅을 파더니 금세 사람들이 파묻어 놓고 간 보따리를 꺼내서 풀었어. 그러고는 커다란 수박을 주먹으로 내리쳐 반으로 쪼개더니 손귀한테 한쪽을 건넸어.

"자, 맛 좀 봐."

"흐흐, 잘 익었는데!"

둘은 마파람에 게 눈 감추듯 수박 한 통을 껍데기까지 단숨에 없애 버렸어. 그러더니 또 커다란 떡을 집어서 입 안 가득 쑤셔 넣었지.

"우적우적, 맛있다."

역신의 커다란 입 속으로 음식들이 쉬지 않고 들어갔어.

"날씨가 더워지니 입맛이 점점 살아난단 말이야."

"흐흐, 자네가 활개치고 다닐 때가 되어서 그런가 보군."

손귀가 역귀한테 말했어.

손귀 말대로 날씨가 더워지니 역귀는 온몸에서 힘이 샘솟는 것 같았어. 음력 유월은 더위가 시작되는 달이고 여름은 역귀가 활동하기 아주 좋은 철이지.

"그나저나 자네는 옥황상제님한테 불려가 혼쭐이 났다며?"

"그랬지. 얼마 전에 손 없는 날을 우습게 여기는 사람들을 좀 혼내 줬더니 나라가 발칵 뒤집혔거든. 뉴스에도 나오고 사람들이 이상하다고 자꾸 시끄럽게 떠들어대니까 옥황상제님이 그대로 둬서는 안 되겠다고 생각하신 게지. 하늘나라로 불려가서 눈물이 쏙 빠지게 혼이 났다니까."

손귀가 말했어.

"그게 문제야!"

역귀가 갑자기 무릎을 크게 치더니 말을 이어갔어.

"우리를 땅으로 내려보낸 건 우리 풍습을 우습게 아는 사람들을 혼내 주라는 까닭에서였잖아?"

"그렇지."

"그런데 왜 자넬 혼내지? 잘했다고 상이라도 주어야 마땅한데."
역귀가 마지막 남은 떡을 입에 넣으며 말했어.
"그렇긴 한데 내가 좀 심하긴 했어. 흐흐."
"그게 뭐가 심해? 사람들한테 무서운 맛을 보여 주자면 그쯤으로는 어림도 없어."
역귀는 아주 오랜 옛날, 자기 힘이 아주 셀 때를 몹시 그리워하며 말했어.
"그때만 해도 사람들은 세상에서 나를 가장 무서워했지. 역병이 한 번 돌면 마을 사람들이 다 쓰러져 나갔거든. 집집마다 역병막이를 하느라 야단도 아니었지. 후후, 그때가 정말 좋았는데!"
"역병막이?"
"그래. 날 막는다고 집안 여기저기에 내가 무서워하는 물건을 두는 거지. 흐흐, 요즘 사람들은 그게 뭔지 알지도 못할걸?"
"그게 뭔데? 자네가 무서워하는 것도 있나?"
"있지. 딱 하나! 자네도 알다시피 내가 데리고 다니는 졸개 녀석들하고 난 다르다네. 그놈들은 별의별 물건에 다 놀라서 도망가기 일쑤지만 난 그런 것들엔 눈 하나 깜짝하지 않아. 하지만 날 꼼짝 못하게 만드는 게 하나 있어. 음, 그것만 생각하면 자다가도 놀라서 벌떡 일어난다니까!"
역귀가 생각하기도 싫다는 듯 몸을 부르르 떨었어. 손귀는 그런 역귀의 모습을 보자 그게 뭔지 점점 더 궁금했지.

"그게 뭔데?"

"그거? 붉은 빛깔인데 사람들은 맛이 좋다고 하더군. 어떤 사람은 너무 뜨거워 속에서 불이 난다고도 하고. 그게 뭐냐 하면……."

그때였어.

"아야!"

어디선가 단단한 돌멩이가 날아와 역귀의 뒤통수를 때렸지.

"어! 안 보인다. 어디로 갔지?"

"형, 저기로 갔어."

형제로 보이는 두 아이가 토끼를 쫓아 뛰어가고 있었어.

"아니, 내 저놈들을 그냥!"

역귀가 벌떡 일어나더니 금방이라도 두 아이를 쫓아갈 기세였어.

"아무튼 난 버릇없는 아이들이 가장 싫어! 아니, 아이들은 버릇이 있든 없든 다 싫어! 언젠가는 세상 모든 아이들한테 병을 옮게 할 거야!"

역귀의 코에서 하얀 김이 뿜어져 나왔어. 그건 역귀가 정말 화가 많이 났다는 증거지.

손귀는 역귀가 그렇게 화낼 일은 아니라고 생각했어. 손귀는 사람들의 일을 방해하는 귀신이기는 하지만 웬만해서는 아이들을 다치게 하는 일은 하지 않았거든.

"이봐! 좀 진정해. 우린 우리 풍습을 우습게 여기는 사람들을 혼내

주려고 내려왔다는 걸 잊지 마. 아무한테나 해코지를 했다가는 옥황상제님께 혼이 날 테니까 말이야."

"흥! 내가 옥황상제님한테 혼나는 게 무서울 것 같아? 이건 비밀인데 내가 자네한테만 내 계획을 슬쩍 말해 주지. 난 얼마 뒤에 돌아올 추석 때 사람들한테 온갖 병을 다 옮길 거야."

"어떻게?"

"일단 내 졸개들을 다 불러 모아야지. 그날은 자네도 알다시피 한 해 가운데 사람들이 가장 많이 움직이는 날이야. 우린 추석 전날 밤에 모두 모여서 한바탕 회의를 한 다음에 사람들이 많이 다니는 곳으로 흩어져서 온갖 몹쓸 병을 다 옮길 거야."

"어! 하지만 그건 도리에 어긋나는 일이잖아. 그 사람들은 우리 풍습을 지키고 명절을 지내러 다니는 사람들인데, 그 사람들을 혼내면 어떻게 해?"

"하하하, 귀신 따위한테 도리가 무슨 소용이야!"

손귀는 무언가 잘못되어 가고 있다는 생각이 들었지. 하지만 역귀

를 더 가르치려 들면 안 될 것 같았어.

"이봐! 그 회의를 하기로 한 곳이 어디야?"

"왜?"

역귀가 의심스러운 눈초리로 물었어.

"왜긴? 나도 알아야 회의에 가지. 자넨 나도 자네와 같이 사람들을 혼내 주려고 땅에 내려왔다는 사실을 잊었나?"

"아! 그렇지."

역귀는 손귀한테 회의가 열리는 곳을 알려 주고는 그날 밤 늦지 않게 오라고 말했어.

"자, 이제 배도 채웠으니 사람들을 좀 혼내 주러 가 볼까?"

"그, 그래. 어디로 갈 건데?"

"아이들이 아주 많은 곳! 이런 촌구석은 아이들이 없어서 영 재미가 없단 말이야."

역귀는 또다시 아이들 타령이었어.

"도시로 가자! 아이들이 많이 모이는 동물원이나 놀이 공원에 가서 아이들한테 병을 옮기는 거야."

"조, 좋아."

손귀는 별로 탐탁지 않았지만 어쩔 수 없이 역귀를 따라나섰어.

조금 뒤, 역귀와 손귀가 날아온 곳은 동물원이었어. 뜨거운 햇볕이 쏟아지는 동물원에는 엄마 아빠와 함께 온 아이들이 정말 많았지. 역귀는 되도록 아이들이 많이 몰려 있는 곳으로 갔어.

"흐흐. 요기 요놈이 손을 안 씻게 생겼군."

역귀는 꼬질꼬질 더러운 손으로 김밥을 집어 먹는 꼬마 아이를 찾아서는 배앓이를 일으키는 병을 옮겨 주었어. 그리고 그 아이가 친구한테 손으로 김밥을 집어 먹여 주는 것을 보더니 배를 잡고 큰 소리로 웃었어.

"으하하, 하하하! 잘한다. 그래, 친구한테 그렇게 병을 옮겨 주는 거야."

역귀가 찾아낸 또 다른 아이는 졸음을 못 이기고 두 손으로 눈을 비비고 있었어.

"옳지!"

역귀는 아이한테 다가가 아이의 손에 얼른 무언가를 묻히고 왔어.

"그게 뭔가?"

"으하하, 눈병을 옮기는 병균이지."

역귀는 아이가 집에 들어가서 세수를 하고 난 뒤에 수건에 손과 얼굴을 닦으면 그 집안 식구들은 모두 눈병에 걸릴 거라며 좋아했어.

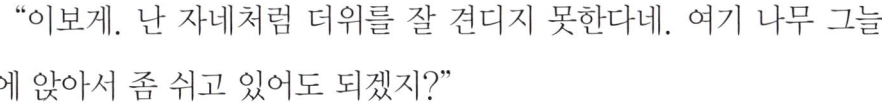

손귀는 역귀가 하는 짓이 맘에 들지 않았지만 역귀를 나무랄 자신이 없었어. 어떻게든 다른 핑계를 찾아서라도 역귀와 떨어져 있고 싶었지.

"이보게. 난 자네처럼 더위를 잘 견디지 못한다네. 여기 나무 그늘에 앉아서 좀 쉬고 있어도 되겠지?"

"그러게. 난 공원을 돌며 더 많은 아이들한테 병을 옮기고 오겠네."

역귀는 아이들이 있는 곳으로 날아갔어. 날아가는 역귀의 모습을 바라보며 손귀가 중얼거렸지.

"후유, 일이 커지게 생겼으니 정말 큰일이군. 이를 어쩌면 좋지?"

혼자 앉아 있으려니 손귀는 역귀가 무서워한다는 게 뭔지 다시 궁금해졌어.

'먹는 거라고 했지? 붉은 빛깔이고 먹으면 속에서 불이 난다고 했는데……,'

나무 그늘에 앉은 손귀는 혼자 수수께끼를 푸느라 깊은 생각에 잠겼어.

유월의 세시 풍속

음력 6월은 무더위가 절정에 이르는 때예요. 날씨가 덥고 장마가 지는 이달에는 갖가지 나쁜 병도 많이 돌지요. 그래서 우리 조상들은 음력 6월을 '썩은 달'이라고 해서 혼인이나 이사 같은 중요한 일은 되도록 치르지 않았어요. 음력 6월의 세시 풍속은 주로 더위를 이기고 건강하게 여름을 나겠다는 뜻을 담고 있어요.

유두

음력 6월 15일을 유두라고 해요. 유두는 양력으로 하면 7월 중순쯤으로, 한 해 농사의 반이 지나는 때예요. 이맘때는 보리와 밀을 거두고 참외나 오이, 수박 같은 여름 과일이 나오면서 먹을거리가 많아져요.

유둣날 아침에는 조상님께 제사를 지내고 논과 밭을 다스리는 신에게도 농신제를 지냈어요. 그런 뒤에는 음식들을 땅 속에 묻었지요. 그래야 논과 밭에 사는 나쁜 벌레들이 사라진다고 믿었어요.

유두가 되면 사람들은 동쪽으로 흐르는 냇가를 찾아 머리를 감기도 했어요. 태양이 떠오르는 동쪽이 좋은 기운이 있는 곳이라고 여겼기 때문이에요. 이런 풍습을 '물맞이'라고 해요.

유둣날 음식

유둣날엔 밀가루로 만든 국수를 먹어요. 유둣날 먹는 국수라고 해서 '유두면'이라고 하지요. 면발이 기다란 국수는 장수를 뜻하는 음식이에요.

가래떡처럼 길게 떡을 만들어 잘게 썬 다음, 구슬같이 동그랗게 모양을 내서 시원한 꿀물에 타서 먹는 '수단'도 유둣날 많이 먹는 음식이에요. 꿀물에 안 타고 그냥 꿀을 찍어 먹으면 '건단'이라고 해요.
밀가루를 반죽해 콩이나 참깨로 소를 만들어 넣고 찐 '상화병'이란 떡도 많이 먹었어요.

삼복

한 해 가운데 가장 더운 기간을 '삼복 더위'라고 해요. 삼복이란 음력 6월과 7월 사이에 오는 세 번의 큰 더위를 말하지요. 음력 6월 유두 무렵부터 7월 입추 무렵 사이에 열흘 간격으로 초복, 중복, 말복이 있어요.

복날이 되면 사람들은 더위를 피해 물이 흐르는 골짜기를 찾아가 시원하게 하루를 보냈어요. 복날에 목욕을 하면 몸이 여윈다는 말이 있어서 아무리 더워도 목욕은 안 하고 발만 물에 담갔다고 해요.

삼복 더위에 가장 많이 먹은 음식은 개장국이었어요. 개를 잡아 여러 가지 양념과 채소와 함께 푹 고아 끓인 음식이지요. 어린 닭에 찹쌀, 인삼, 대추를 넣고 끓인 삼계탕도 무더운 여름철 몸의 기운을 북돋우려고 복날에 많이 먹는 음식이에요. 수박이나 참외 같은 여름 과일을 우물물에 담가 시원하게 먹으며 더위를 쫓기도 했어요.

칠월의 세시 풍속

음력 7월은 한여름 무더위가 지나가고 아침저녁으로 선선한 바람이 불어오는 때예요. 이맘때 세시 풍속으로는 칠석과 백중이 있어요.

칠석

음력 7월 7일을 칠월 칠석날이라고 해요. 옥황상제의 벌을 받아 떨어져 지내는 견우와 직녀가 한 해에 딱 한 번 만나는 날이지요. 이날 비가 내리면 사람들은 견우와 직녀가 만나서 너무 기뻐 눈물을 흘리기 때문이라고 여겼어요.

칠석날 여자들은 직녀성을 보면서 기도를 드렸어요. 옛날에는 여자들이 길쌈을 잘하는 것이 큰 자랑거리였는데, 아낙네들은 바느질을 다스리는 신인 직녀에게 기도를 올리며 바느질을 잘하게 해 달라고 빌었어요.

칠석날에는 장마를 지내며 축축해진 책과 옷, 이불을 말리는 풍습도 있어요.

백중

음력 7월 15일은 백중날이에요. 이날은 봄부터 농사일을 하느라 고생을 한 머슴들이 하루쯤 편히 쉬고 먹고 즐기는 날이지요. 주인은 머슴들한테 새 옷과 용돈을 주고 마음껏 쉬게 했어요. 백중날 돈을 받은 머슴과 일꾼들은 저잣거리에 나가 물건을 사거나 음식과 술을 사 먹으며 하루를 즐겼어요. 이때 서는 장을 백중장이라고 하는데, 풍물이 울리고 씨름판이 벌어지는 꽤나 신명 나는 구경거리였어요.

백중날이 되면 마을 사람들이 모여 농신제를 지내고 춤과 노래가 어우러진 잔치도 벌였어요. 경남 밀양과 충남 연산의 백중놀이는 지금도 널리 알려져 있어요.

백중날의 풍습

백중날에는 돌아가신 부모님께 제사를 드렸어요. 이런 풍습 때문에 백중날을 '망혼일'이라고도 하지요.

백중날이 되면 '호미씻이'도 했어요. 이맘때면 풀이 더 자라지 않아 더는 논밭을 맬 필요가 없으니 호미를 씻어 둔다는 뜻이에요. 호미씻이 놀이에는 농사일에서 가장 힘든 김매기를 마친 기쁨이 담겨 있어요.

백중날 무렵에는 남자들이 모여 마을 우물물을 모두 퍼 내고 우물 바닥과 벽을 깨끗이 청소했어요. 우물에 새 물이 고이면 그 물을 떠서 차를 끓여 제를 올렸어요.

백중날 먹을거리

백중날 무렵에는 여름에 거둬들인 밀로 만든 음식을 많이 만들어 먹었어요. 밀가루를 반죽한 다음 쑥이나 콩을 넣어 가마솥 밥을 지을 때 밥 위에 올려 쪄 먹는 밀개떡, 밀가루를 묽게 갠 다음 둥글고 얇게 부쳐 낸 밀전병 같은 음식이 있어요.

"회소 회소."

재간둥이 서연이가 부르는 노랫가락은 흥에 겨웠어. 그러자 같은 팀인 민준이가 조용히 속삭였어.

"서연아, 슬프게!"

"아! 흑흑, 회소 회소. 흑흑, 회소 회소."

민준이 말을 들은 서연이가 갑자기 우는 소리를 내며 노래를 부르자 교실에 있던 모든 아이들이 배꼽을 잡고 웃었지.

"자, 됐다. 최강추석 팀의 '길쌈대회', 모두들 잘 봤다고 박수 한번 쳐 줄까?"

"와! 짝짝짝!"

아이들의 박수 소리가 교실에 울려 퍼졌어.

추석을 한 주일 앞두고 두복이네 교실에서는 '추석 맞이 우리 풍속 발표회'가 열리고 있었어. 여섯씩 모둠을 이룬 총 다섯 모둠 아이들이 추석 때 우리 풍속을 자유로운 방법으로 친구들 앞에서 발표를 하는 거야.

세 번째 모둠인 최강추석 팀은 신라 유리왕 때 추석을 앞두고 한 달

전부터 열린 길쌈 대회를 연극으로 선보였어.

두 왕비를 맨 앞으로 해서 여인네들이 두 편으로 나누어 길쌈 대회를 벌였는데, 한 달 동안 열심히 일한 결과를 두고 추석날 승패를 가렸어. 진 편은 술과 음식을 준비해 잔치를 벌이고, 이긴 편한테 대접을 했지. 이때 진 편에 속한 여인네는 '회소, 회소' 하며 구슬픈 노래를 불렀는데, 서연이가 그 노래를 한 거였어.

"네 번째 모둠의 이름은 신토불이, '강강술래의 기원'을 발표한다고? 자, 어떤 내용인지 우리 한번 들어 볼까?"

선생님의 소개와 함께 모범생으로 소문난 호정이가 가짜 마이크를 들고 나왔어.

"여러분은 강강술래가 어디서 나왔는지 들어 보셨나요? 저희 신토불이 팀은 이순신 장군에 얽힌 강강술래 이야기를 여러분께 소개하려고 합니다."

성우가 되는 게 꿈인 호정이 이야기가 끝나자 이순신 장군과 왜군 역을 맡은 아이들이 과장된 몸짓으로 나타났어. 이순신 장군과 왜군, 해설자의 목소리는 모두 호정이가 맡아서 했지.

"이렇게 이순신 장군은 적군한테 우리 군사들이 많아 보이는 방법으로 여인네들을 모아 강강술래를 하게 했어요. 같은 옷을 입은 여인네들이 빙글빙글 돌고 또 돌자 멀리서 본 왜군들은 조선 군사들이 엄청 많은 것으로 착각했지요."

호정이가 이야기를 하는 동안 다른 다섯 아이들이 똑같은 한복을 입고 무대 가운데서 빙글빙글 돌기 시작했어.

"마을 사람들의 도움을 받아 왜군을 물리친 이순신 장군! 그 마을이 바로 오늘날 전라남도 여수 지방이에요. 그곳에서는 그 뒤로 추석날이 되면 그때를 기념하며 강강술래를 했고, 이렇게 강강술래가 전라도와 경상도 다른 곳까지 널리 퍼져 가게 되었답니다."

"애들아, 신토불이 팀의 발표도 잘 봤다고 우리 박수 쳐 주자."

아이들의 박수가 나오자 무대를 돌던 아이들이 바닥으로 털썩 앉아 버렸어.

"아, 어지러워"

"하하하!"

마지막 다섯 번째 모둠이 바로 두복이와 유리, 승재가 속한 '별별촌놈' 모둠이었어. 모둠 이름은 두복이의 별명으로 지었지.

반 아이들은 아직도 가끔 두복이를 별별촌놈으로 불렀어. 하지만 지난 5월 단오 퀴즈 대회 뒤로 두복이한테 그건 아주 기분 나쁜 별명은 아니었지.

퀴즈 대회에서 대상을 타고 전교생 앞에서 교장 선생님께 상을 받던 날, 유리와 승재는 교실로 돌아와 다른 아이들한테 두복이가 어떻게 활약했는지 미주알고주알 이야기해 주었어. 두복이는 부끄러웠지만 기분이 정말 좋았어. 그때부터 별별촌놈은 더는 쓸데없는 것만 아는 체하는 촌놈이 아니었지. 물론 사실 알고 보면 야광귀의 도움이 컸지만 말이야.

　이번 추석 맞이 풍속 발표회를 할 때에도 무엇을 할까 고민하는 두복이한테 야광귀는 아이들한테 덜 알려진 '소놀이'라는 걸 추천해 주었지.

　"소놀이? 그건 소품이 중요할 것 같아. 그렇지 않으면 무슨 재미가 있겠어?"

　"맞아. 하지만 걱정 마. 내가 다 준비해 줄 테니."

　이렇게 자신 있게 말한 야광귀는 이튿날 밤, 진짜 아주 그럴듯한 준비물을 가지고 나타났지.

　"이게 머리에 쓰는 소의 탈이야. 그리고 이건 멍석, 또 이건 굵은 새끼줄로 만든 소꼬리야. 어때?"

　"와! 정말 멋지다. 근데 이걸 어디서 구했어?"

두복이의 궁금증은 소품을 처음 본 유리와 승재, 그리고 발표를 보고 있는 아이들한테도 똑같이 생길 수밖에 없었어. 발표는 보는 동안 아이들은 시골에서 저런 걸 구해 올 수 있는 두복이를 정말 대단하다고 생각했지.
　"이보시오. 이 집이 이 동네에서 농사가 가장 잘된 집이라던데 맞소?"
　"그렇소. 그런데 왜 그러시오?"
　"여기 배고픈 소가 왔으니 먹을 것을 좀 주시오."
　"아, 어서 들어오시오. 곧 먹을 것을 내오리다."
　　소 주인 승재가 소머리 탈과 멍석을 뒤집어쓰고 땀을 뻘뻘 흘리는 두복이를 집 안으로 끌어들였어. 그러자 유리가 소가 먹을 음식을 내 왔지. 음식을 먹은 소는 그 집 마

당에서 덩실덩실 춤을 추며 집안 사람들의 복을 빌어 주었어.

별별촌놈 모둠의 발표가 끝나자 아이들은 가장 크게 박수를 쳐 주었어. 멍석에 꽁꽁 싸인 두복이는 땀을 뻘뻘 흘리면서도 기분만은 정말 날아갈 것 같았지.

그날 밤, 두복이 방으로 낯익은 손님이 낯선 손님 하나와 함께 찾아왔어.

"두복아, 나야."

"어서 와. 그렇지 않아도 기다리고 있었어. 오늘 네 덕분에 우리 모둠 발표는 정말 좋았어."

두복이가 환하게 웃으며 야광귀를 맞았어.

"그래? 정말 다행이다."

그런데 야광귀는 어딘지 모르게 다른 때와는 달라 보였어. 다른 때 같았으면 두복이가 먼저 말을 꺼내기도 전에 발표가 어땠는지 꼬치꼬치 물었을 텐데 그날은 그렇지가 않았거든.

"야광귀야, 너 어디 아파?"

"아니, 괜찮아."

야광귀는 뭔가 할 말이 있는 듯 보였어. 그러더니 한참 뜸을 들이다가 입을 열었지.

"두복아, 사실은 내가 누굴 좀 데리고 왔어."

"누구?"

두복이가 야광귀를 만난 지 여덟 달이 넘었지만 야광귀는 그동안 늘 혼자 찾아왔지.

"부탁이야. 절대 놀라지 마."

야광귀는 두복이한테 신신당부를 한 뒤, 누군가를 불렀어.

"이제 들어와도 돼!"

두복이는 마음의 준비를 단단히 했건만 방으로 들어선 그 누군가를 보면서 숨을 쉴 수 없을 만큼 깜짝 놀랐어.

"누, 누, 누구세요?"

"놀랐다면 미안해. 난 손귀야."

손귀는 잔뜩 주눅이 들어 있었어. 방문 앞에 서서 고개를 숙인 채 좀처럼 얼굴을 들지 못했지.

"두복아, 손귀가 너한테 할 말이 있다고 해서 데리고 왔어. 여기 오기 전에 조왕신님께 손귀를 데리고 가도 될지 여쭈어 봤는데 네가 놀라지 않게 조심만 하면 데리고 가는 게 좋다고 하셨어."

야광귀도 무척 조심스럽게 말했지.

"무슨 일인데? 설마 내가 또 손귀를 도와 무슨 일을 해야 하는 건 아니겠지?"

"절대 아냐. 그런 일은 없어. 앞으로 너한테 일어날 일을 알려 주고 싶어서 왔을 뿐이야."

두복이가 가까이 와서 앉으라고 하자 손귀는 고맙다며 문 앞에 털썩 주저앉았어. 그러고는 아주 놀라운 이야기들을 쏟아 놓았지.

손귀는 두복이한테 역귀와 그 졸개 일당들이 추석 전날에 두복이네 할머니 집에서 모일 거라고 했어. 그 까닭은 역귀가 그동안 두복이네 할머니 집에 사는 조왕신한테 쌓인 불만이 많았기 때문이라고 했지.

"그곳에서 처음 병을 옮기기 시작해서 추석 연휴 내내 사람들이 모인 곳이면 어디든 가겠대. 그래서 모든 사람들한테 전염병을 옮기는 게 목표라고 했어."

두복이는 너무 놀라서 아무 말도 할 수 없었어. 그저 입을 벌리고 멍한 눈으로 손귀와 야광귀를 번갈아 바라보았지.

"두복아, 정신 차려."

"어? 어어……. 야광귀야, 손귀 말이 사실이야?"

"응, 그런 거 같아. 거짓말 같지는 않아."

"그럼 어쩌면 좋지?"

야광귀와 손귀는 역귀 일당을 막아 낼 비법으로 역병막이가 있다고 했어. 역병의 졸개들은 역병막이로 얼마든지 막아 낼 수 있을 거라며.

"그럼 역귀는? 그걸로 역귀도 막을 수 있어?"

"잘은 모르겠어. 손귀 말로는 역귀가 무서워하는 게 딱 한 가지가 있대."

"그게 뭔데?"

"미안해. 그걸 알아내려고 했는데, 그만 다른 일이 끼어드는 바람에 듣지를 못했어."

"휴!"

두복이가 땅이 꺼져라 한숨을 내쉬었지.

"그 대신 몇 가지 단서는 있어."

"단서?"

"응. 역귀가 그랬거든. 그건 먹는 거고 붉은 빛깔이라고. 또 뭐라더라? 아, 사람들이 맛있어서 아주 좋아하는데 그걸 먹으면 뜨거워서 속에서 불이 난다고 했어."

손귀의 말을 들으며 두복이와 야광귀는 잠시 생각에 잠겼어. 그러더니 둘 다 무언가 생각나는 게 있다는 듯 슬며시 입꼬리가 올라갔지.

"두복아, 너무 걱정하지는 마. 내가 야광귀와 널 도울게. 그게 뭔지 반드시 찾아내서 단 한 사람도 역병에 안 걸리게 해 보자. 더구나 너희 할머니는 연세가 많으시니까……."

"안 돼! 우리 할머니를 아프게 하면 누구든 가만 안 둘 거야!"

두복이가 자리에서 벌떡 일어나 두 주먹을 불끈 쥐었어. 그 바람에 손귀가 깜짝 놀라 뒤로 나자빠지고 말았어.

이튿날부터 두복이와 야광귀, 손귀는 골동품 시장과 도깨비 시장을 샅샅이 뒤지고 다니며 역병막이가 될 만한 것들을 사서 모았어. 물론 다른 사람들 눈에는 두 귀신은 안 보이고 작은 꼬마 모습만 보일 뿐이었어.

한가위 세시 풍속

음력 8월 15일은 우리 겨레의 가장 큰 명절인 추석이에요. 한가위, 가배, 중추절이라고도 하지요. 이 즈음은 가을로 들어서는 문턱에서 햇곡식과 과일이 많이 나오는 때예요. 그래서 '더도 말고 덜도 말고 늘 한가위만 같아라.'라는 말도 있답니다.

한가위의 유래

한가위는 '크다.'는 뜻을 지닌 '한'이란 말에, '가운데'라는 뜻의 '가배'를 더해 만들어진 말이에요. 우리 겨레가 이날을 큰 명절로 삼은 유래는 〈삼국사기〉에 자세히 나와 있어요.

신라 3대 유리왕 때 나라 안 여섯 부족의 여인들을 궁으로 불러 모아 두 편으로 갈라, 왕의 딸 둘이 한 편씩 거느리고 밤낮으로 길쌈 대회를 열었어요. 이 대회는 음력 7월 보름부터 8월 보름까지 한 달 동안 열렸지요. 여기에서 진 편은 술과 음식을 만들어 이긴 편을 대접하고 진 편에서 한 사람이 나와 '회소 회소'란 소리를 내며 구슬픈 노래를 불렀다고 해요. 이 풍속이 오늘날까지 이어져 한가위로 남아 있어요.

차례 지내기, 성묘하기

한가위 아침에는 한 해 동안 농사일과 후손들의 건강을 돌봐 준 조상님께 감사하는 마음을 담아 차례를 지내요. 햅쌀로 만든 송편과 햇과일을 조상님께 올려요. 차례를 지내고 나면 산소에 성묘를 가요.

추석에 즐기는 민속놀이

추석날 저녁, 휘영청 떠오른 보름달 아래 동네 여자들이 모여 손을 잡고 원을 그리며 노래하고 춤추는 것을 강강술래라고 해요. 강강술래는 임진왜란 때 이순신 장군이 왜군에게 우리 군의 수가 많아 보이게 하려고 여자들을 불러 모아 원을 그리며 빙빙 돌게 한 데에서 처음 시작되었다고 해요.

소처럼 탈을 쓰고 멍석을 뒤집어쓴 사람이 소 흉내를 내며 마을에서 가장 농사가 잘된 집을 찾아가는 소놀이도 있어요. 집주인이 찾아온 소한테 음식과 술을 내어 주면 놀이를 하는 사람들은 그 집 마당에서 한바탕 노래를 부르고 춤을 추며 축하를 해 주었어요.

한가위 먹을거리

추석에 먹는 대표 음식은 송편이에요. 송편은 갓 거둔 햅쌀을 빚어 만드는데, 송편을 찔 때 송편끼리 붙는 걸 막으려고 솔잎을 깔아요. 그렇게 하면 송편에는 은은한 솔잎 향이 배어 좋고, 솔잎이 송편이 쉬는 것을 막아 주어 더욱 좋답니다.

추석 무렵이 제철인 토란으로 국을 끓여 먹기도 해요. 맑은 토란국은 차례상에도 올리는 음식이에요.

혼쭐난 역귀 졸개들

"너, 그게 다 뭐야?"

추석 연휴 첫날, 할머니 댁으로 떠나는 차 앞에서 작은 실랑이가 벌어졌어.

엄마가 제 몸만 한 보따리를 들고 차에 오르려는 두복이를 막아서며 얼굴을 잔뜩 찌푸렸어. 당장이라도 짐 보따리를 쓰레기 봉지에 담아 길에 내놓을 것 같았지.

"꼭 필요한 물건들이에요. 가져가는 걸 허락하지 않으신다면 저도 이 보따리와 함께 집에 남겠어요."

두복이가 두 눈을 똑바로 뜨고 엄마를 바라보며 말했어.

"아니, 얘가 어디서 버릇없이 엄마한테……."

"여보, 그만둡시다. 꼭 필요한 거라잖아요. 뭐 이번 추석에 산타클로스라도 될 작정인가 본데 그냥 가져가게 둡시다."

"산타클로스는 무슨! 그럼 혼자 썰매나 타고 오라고 하세요."

엄마가 쌩하고 먼저 차에 오르자 두복이가 아빠한테 슬쩍 물었어.

"아빠, 엄마가 허락하시는 거죠?"

"쉿! 얼른 타라."

이렇게 해서 두복이는 제 몸만 한 보따리와 함께 시골 할머니 댁에 다다를 수 있었어.

그날 밤, 할머니네 집 마당에서는 두 눈 뜨고는 절대 볼 수 없는 처절한 전투가 벌어졌어. 모두 깊이 잠이 든 밤, 두복이는 야광귀와 함께 산타클로스 보따리를 풀어서 집안 곳곳에 역병막이들을 걸어 놓았어.

붉은 빛깔 보자기가 마루 대들보와 기둥에 걸렸고, 부엌 문에는 호랑이 그림이 걸렸어. 호랑이 뼈도 마루 한가운데에 놓였고, 숯이 매달린 금줄, 사자탈도 곳곳에 자리를 잡았지. 마지막으로 역귀를 물리칠 역병막이가 든 주머니를 두복이가 가슴에 꼭 안았어.

"이쯤이면 되겠지? 제발 우리가 생각하는 역병막이가 역귀한테 통해야 할 텐데……."

두복이가 기도를 하듯 두 손을 꼭 모으고 말했어.

"걱정 마. 분명 그게 맞을 거야."

야광귀가 두복이를 안심시켰어.

서울에서 헤어진 손귀는 이곳에 오지 않기로 했어. 두복이와 야광귀한테 역귀 일당들을 꼭 물리쳐 달라고 부탁을 했지.

"놈들이 회의를 하기로 한 시간이 앞으로 얼마나 남았지?"

"이십 분. 이제 곧 올 거 같아."

"그럼 이제 우린 어떻게 하지?"

두복이는 부들부들 몸이 떨려오는 걸 야광귀한테 들키기 싫었어.

"방으로 들어가서 밖에서 일어나는 일을 몰래 지켜보자. 혹시 무슨 일이 있더라도 넌 절대 밖으로 나오면 안 돼."

"알았어."

두복이와 야광귀는 마지막으로 마당을 한번 둘러본 뒤에 방으로 들어갔어. 그리고 얼마가 지나자 멀리서 시끌시끌한 소리가 들려왔지.

"여기 이 집이야?"

"맞아. 그 건방진 조왕신이 산다는 집. 맞죠, 역귀님?"

"그래. 다들 모였느냐?"

"네. 모두 열다섯 놈 맞습니다."

"야야! 역귀님까지 열다섯 놈이면 그럼 역귀님도 놈이냐? 말 조심해! 흐흐."

"너나 조심해. 이 멍청아!"

역귀 일당들이 떠들어 대는 소리가 어찌나 큰지 두복이는 귀가 멍해지는 기분이었어.

"야광귀야, 쟤들이 원래 저렇게 시끄러워?"

"시끄럽기만 하면 다행이게? 징그럽고 무섭게 생긴 건 누구도 따라올 귀신이 없다고."

야광귀 말에 두복이는 문에 낸 구멍을 좀 더 크게 만들었어. 곧 우글우글 대문 안으로 들어오는 역귀 일당들이 눈에 들어왔지.

두복이는 자기도 모르게 비명을 지를 뻔했지 뭐야! 세상 어느 책에서도 저렇게 못생긴 괴물들은 본 적이 없었거든. 눈 코 입 귀가 다 제멋대로 붙은 놈에 머리카락이 얼굴을 다 가린 놈, 팔이 너무 길어 서너 번은 돌돌 말았다 늘어뜨린 놈, 팔이 다섯 개에 다리가 세 개인 놈……. 두복이가 놈들의 생김새에 혀를 내두르는 순간, 드디어 놈들의 외침이 들려왔어.
 "으악! 미남이 살려!"
 "왜? 뭔데 그래?"
 "저, 저기 대들보에 걸린 보자기가 붉은 빛깔 맞지?"
 "으악! 얼짱이 살려!"
 눈 코 입 귀가 제멋대로 아무 데나 붙은 놈이 가장 먼저 대문 밖으로 줄행랑을 쳤어. 그러자 얼굴에 울퉁불퉁 종기가 잔뜩 난 미남이란 놈이 뒤를 따라 도망쳤지.
 "이놈들아! 저건 그냥 천 쪼가리일 뿐이야!"
 역귀가 대문 밖으로 힘껏 외쳤지만 소용없었어.
 "덜덜덜, 덜덜덜, 역귀님! 천 쪼가리라도 붉은 빛깔이면 곤란해요."

"맞아요. 난 세상에서 붉은 빛깔 천이 가장 무서운데."

"시끄러워! 너희 가운데 단 한 놈이라도 대문 밖으로 도망치는 놈이 있다면 내가 가만두지 않겠어."

하지만 역귀의 불호령이 채 끝나기도 전에 다시 누군가가 소리쳤지.

"여기 봐! 부엌문에 호랑이 그림이 붙어 있다."

"안 돼! 그걸 보면 우린 죽고 말 거야."

"죽긴 왜 죽어! 저건 그냥 애들이 장난친 낙서일 뿐이라고."

역귀가 버럭 화를 냈어.

"덜덜덜, 얘들아, 호랑이 옆에 까치도 있어."

"뭐? 그럼 호작도야? 으악! 걸음아 날 살려라!"

"엄마야! 긴팔아, 나도 데려가!"

역귀는 무서움에 질려 도망치는 두 놈의 졸개들을 끝내 붙잡지 못했어.

"모두 잘 들어라! 이제 누구든 이 집에서 내 허락 없이 나가는 놈은 내 손에 죽을 줄 알아!"

"아, 알겠어요."

역귀의 졸개들은 잔뜩 얼어 있었어.

"좋아. 이제 회의를 시작하자."

역귀와 도망간 졸개 네 놈을 뺀 열 놈의 졸개들이 동그랗게 원을 그리고 앉았어.

"두복아, 혹시 호랑이 뼈 남은 거 있어?"

"응. 여기."

야광귀는 인사동 골목 허름한 가게에서 구해 온 진짜 호랑이 뼈를 놈들이 앉아 있는 원 안으로 던져 넣었어.

"툭!"

"어? 이게 뭐지?"

"뭐야? 먹는 거야? 그게 뭔지 냄새부터 맡아 봐."

"킁킁, 킁킁킁!"

그때였어. 코를 벌름거리며 냄새를 맡던 졸개 한 놈이 얼굴이 파랗게 질리더니 뒤로 벌러덩 나자빠졌지.

"쟤 왜 저래?"

"이상하다. 쟨 호랑이 뼈가 아니면 저렇게 뒤로 넘어가는 애가 아닌데."

"뭐? 호랑이 뼈?"

"으악!"

"도롱이 살려. 어디야 어디? 호랑이가 어디 있어?"

야광귀가 던진 호랑이 뼈 하나에 역귀 졸개들은 허둥지둥 이리저리 마당을 뛰어다녔어. 두복이는 그 꼴을 보고 있으려니 웃음이 절로 나왔지. 하지만 두 손으로 입을 틀어막고 꾹 참아야 했어.

"이놈들아, 저건 진짜 호랑이 뼈가 아니야. 그리고 진짜 호랑이는 동물원에나 있어!"

"동물원? 그게 뭐야?"

"혹시 이 마을 이름이 아닐까?"

"뭐? 으악, 용감이 살려!"

"나도 같이 가. 나도!"

한꺼번에 졸개 세 놈이 또 집 밖으로 도망을 쳤어.

"제발, 제발 가지 마라. 응?"

"아, 이거 놔요! 호랑이를 만나느니 도망쳐서 떠돌다가 역귀님 손에 죽는 게 나아요."

역귀가 세 번째로 도망치는 놈의 바지 자락을 잡고 매달렸지만 소용없었어.

이제 역귀와 일곱 놈의 졸개들이 남아 있었어. 남은 졸개들 얼굴도 잔뜩 무서움에 질려 있었지.

'안 되겠다. 이러다간 이놈들도 다 도망치고 아무도 안 남겠어.'

역귀는 마당 구석을 둘러보며 새끼줄을 찾았어. 여기저기 둘러보던 역귀가 부엌으로 들어가려다 문 턱 위에 걸어 놓은 금줄을 보지 못하고 금줄에 걸려 그만 넘어지고 말았지.

"아이코! 머리야!"

"쿡쿡, 우하하!"

그 모습이 어찌나 웃겼던지 남은 졸개들이 큰 소리로 웃음을 터뜨렸어.

역귀는 얼른 일어나 발에 걸린 금줄을 보고는 줄을 풀어 마당으로 가지고 나왔어.

"됐어. 이놈이면 되겠군."

"역귀님, 그걸 어디에 쓰시게요?"

"이 겁쟁이들아, 내가 너희 놈들이 더는 못 도망치게 새끼줄로 다리를 묶어 놓

을 테다. 어서 오른발을 내놓아라."

역귀의 말에 남은 졸개들이 가지런히 오른발을 내밀었어. 역귀는 졸개들의 발을 새끼줄에 굴비 엮듯 하나하나 묶기 시작했지.

"역귀님, 그런데 이 줄에 달린 게 뭐예요?"

"이거? 글쎄? 검은 게 꼭 숯 같기도 하고."

"수, 숯이라고요?"

발이 엮인 졸개 하나가 큰 소리로 이렇게 외치더니 일어나 달아났어. 그놈은 가장 힘이 센 놈이라 줄에 발이 엮인 놈들 모두 이리저리 끌려 다녔지.

"으악, 비실아! 빨리 이 줄 좀 풀어 봐. 숯이 우리 몸에 닿으면 큰일이라고."

"알았어. 나만 믿어."

"안 돼! 절대 못 가!"

역귀가 금줄을 잡고 놓지 않았어. 하지만 곧 다른 졸개들은 금줄에 매인 발을 풀고 집 밖으로 달아나 버렸지.

마침내 할머니 집 마당에 남은 것은 역귀 하나뿐이었어.

"두복아, 이때야."

"알았어."

야광귀와 두복이는 가슴에 꼭 안고 있던 주머니에서 무언가를 꺼내 마당에 앉아 있는 역귀한테 힘껏 던졌어.

"툭!"

"이게 뭐야?"

화가 잔뜩 난 역귀가 제 몸을 내리친 물건들을 집어 살펴보았어. 그건 빨갛게 잘 익은 붉은 고추였지.

"뭐야? 어디서 이딴 게 떨어진 거야?"

역귀는 하늘을 올려다보며 고추를 힘껏 던져 버렸어. 역귀가 무서워하는 역병막이는 붉은 고추가 아니었던 거지. 몰래 밖을 훔쳐보던 야광귀와 두복이는 크게 실망했어.

"흑흑, 야광귀야, 이제 어떻게 해?"

"휴, 그러게 정말 큰일이네."

야광귀와 두복이가 방 안에서 한숨을 쉬는 그때, 마당 한가운데 덩그러니 남은 역귀는 제 분을 참지 못하고 하얀 콧김을 오랫동안 뿜어내고 있었어.

구월의 세시 풍속

음력 9월은 늦가을에 속해요. 바람이 서늘해지고, 논과 밭에서는 막바지 농사일을 하느라 바쁜 때이지요. 또 산과 들에는 울긋불긋 단풍이 들고, 억새와 갈대도 우거져 자연의 아름다움이 무르익는 시기예요. 이맘때 중요한 세시 풍속으로는 중양절이 있어요.

중양절

중양절은 음력 9월 9일이에요. 예부터 중양절에는 돌아가신 날짜를 모르거나 제사를 지내 줄 식구가 없는 떠돌이 귀신의 넋을 위로하는 뜻으로 차례를 지냈어요. 이것을 '중양 차례'라고 해요.

중양절에는 집안을 지키는 성주신에게도 인사를 올렸어요. 성주신을 모시는 성주 단지에 담긴 곡식을 햇곡식으로 갈아 주었어요.

단풍놀이

음력 3월 3일 삼짇날에 화전놀이를 가는 것처럼, 중양절에는 울긋불긋 단풍이 물든 산과 들을 찾아 가을 소풍을 떠났어요. 삼짇날에 진달래 화전을 먹는 것처럼 국화전을 부쳐 먹고, 국화 잎을 띄운 술을 마시며 흥겹게 놀았지요. 우리 조상들은 국화주를 마시면 아프지 않고 오래 산다고 생각했어요.

"이거 원, 마당도 없이 어디 불편해서 일을 하겠냐?"

할머니가 거실로 나와 또 참견을 하셨어.

"호호, 어머니. 그러니까 그냥 방으로 들어가서 쉬세요. 저희가 다 알아서 한다니까요."

두복이네 큰어머니가 할머니를 안방으로 모시고 들어갔어. 두복이는 자기 집에 이렇게 친척들이 많이 모인 걸 처음 보았지.

할머니는 김장하는 일이 잔치라고 좋아하셨어. 그동안 김장은 늘 할머니 댁 마당에서 담가 큰아버지네와 두복이네 집이 서로 나누어 가지고 왔거든. 그런데 이번에는 두복이네 집에서 김장을 했어. 날이 쌀쌀해지면서 할머니의 허리 병이 더 심해졌기 때문이야.

두복이는 얼른 할머니를 따라 안방으로 들어가 할머니 다리를 베고 누웠어.

"할머니, 아프시면 안 돼요."

"하하, 이 녀석아, 늙은이 몸이 어디든 안 아플 수가 있겠냐?"

추석 전날 밤, 할머니 집에서 역귀 졸개들을 혼쭐낸 뒤로 두복이는 할머니 건강이 더욱 걱정스러웠어. 그건 분을 못 참고 씩씩대다 사라진 역귀 때문이었지.

'역귀가 또다시 할머니 집에 찾아와 못된 병을 옮기기라도 하면 어쩌지?'

추석 연휴를 보내고 집으로 올라온 뒤에도 두복이는 날마다 할머니한테 안부 전화를 드렸어.

그날 뒤로 딱 한 번을 빼고는 야광귀도 모습을 보이지 않았어. 두복이는 손귀나 역귀의 움직임이 궁금했지만 야광귀를 볼 수 없으니 도통 알 수가 없었지. 사실 야광귀가 마지막으로 두복이를 찾아온 날, 두복이는 뭔가 이상한 기분이 들었어. 왠지 야광귀를 다시는 못 만날 것 같다는 불안한 기분 말이야.

"두복아, 하늘나라가 발칵 뒤집혔어. 옥황상제님이 얼마나 화가 나셨는지 너는 상상도 못할걸?"

옥황상제는 역귀와 졸개들이 벌인 못된 짓을 전해 듣고 크게 노했다고 했어. 옥황상제는 손귀와 역귀, 야광귀를 모두 하늘나라로 불러들였지. 하지만 역귀는 어딘가로 숨어 버리고 끝내 나타나지 않았다는 거야.

"두복아, 난 다시 하늘나라에 들어가 봐야 할 것 같아. 너한테 도움도 못 되고 정말 미안해."

옥황상제의 부름을 받고 두복이를 찾아온 야광귀는 역귀가 무서워하는 역병막이를 끝내 알아내지 못한 데 미안함을 감추지 못했지.

"괜찮아. 우린 곧 찾아낼 수 있을 거야. 근데 언제 올 거야?"

"글쎄, 하늘나라에 올라가 봐야 알 것 같아. 옥황상제님이 화가 많이 나셔서……."

그렇게 떠난 야광귀는 두 달이 넘도록 두복이를 찾아오지 않았어.

"두복아, 할머니 모시고 나와서 김장 김치 맛 좀 봐라."

"네."

두복이는 할머니와 함께 거실로 나가서 엄마가 해 놓은 배추쌈을 입에 가득 넣었어.

"와! 엄마, 정말 맛있어요."

"그래? 다행이구나. 어머님은 어떠세요?"

"맛이 좋다. 내가 만든 것보다 훨씬 나아."

"호호호, 어머님 손맛을 저희가 어떻게 따라가겠어요?"

엄마와 할머니가 이야기를 나누는 동안 두복이는 큰어머니가 싸 준 배추쌈도 얼른 받아먹었어.

김장을 끝내고 나자 날씨는 더욱 쌀쌀해졌어. 서울 병원에서 치료를 받았지만 할머니의 허리는 좀처럼 좋아지지 않았지. 엄마와 아빠는 병이 나을 때까지 할머니를 시골집에 못 내려가시게 했어. 두복이는 할머니가 집에 계시니 정말 좋았어. 엄마 아빠가 일을 하러 나가면 방학을 맞은 두복이는 늘 혼자 지내야 했는데, 이제 그러지 않아도 됐거든. 늘어지게 늦잠을 자고 일어나도 할머니는 따뜻한 밥을 차

려 주셨고, 학원에 갔다 돌아오면 달콤하게 찐 고구마를 새참으로 내어 주셨어.

"내 새끼, 많이 먹어라."

두복이는 할머니가 세상에서 가장 좋았어.

하지만 좋은 날도 그리 오래 가지는 않았어. 어느 날, 저녁을 먹은 뒤 할머니가 갑자기 집으로 돌아가겠다고 하셨어. 할머니의 갑작스러운 말씀에 두복이도 아빠도 엄마도 깜짝 놀랐지.

"어머니, 왜요? 날씨가 이렇게 추운데. 안 돼요."

할머니는 시골에 계신 친한 친구 분 몸이 많이 아프다고 했어. 하루라도 빨리 내려가서 친구 분을 만나 봐야 할 것 같다며 말이야.

두복이는 할머니와 헤어지기 싫다고 끝까지 고집을 부렸어. 사실 할머니 집에 역귀가 나타날까 봐 걱정도 되었고 말이야. 엄마 아빠는 며칠만 학원을 쉬고 두복이가 할머니랑 같이 시골 집에 내려가도 좋다고 허락했어.

오랜만에 집으로 돌아온 할머니는 먼저 집을 깨끗하게 치운 뒤에 마을을 둘러보겠다며 밖으로 나가셨어. 그러고는 다시 급히 돌아오시더니 부엌으로 들어가 무언가를 찾으셨어.

"할머니, 뭘 찾으세요?"

"두복아, 이 할미가 깜빡했지 뭐냐. 내일이 동지인데 하마터면 우리 손자, 팥죽도 못 먹일 뻔했다. 액막이도 해야 하는데, 큰일날 뻔했지 뭐냐?"

"액막이요?"

"그래, 붉은 팥으로 나쁜 기운을 막아야지."

할머니는 급히 팥을 삶고 찹쌀로 새알심을 만들어 가마솥 가득 팥죽을 끓였어.

"으아! 할머니, 이걸 누가 다 먹어요?"

"우리 두복이 먹을 것만 빼고 동네 사람들 다 나눠 줄 테니까 걱정 마라."

할머니는 추운 날에는 이렇게 뜨거운 음식을 먹어 속에 불이 나게 해야 추위를 잊을 수 있다고 했어.

"두복아, 뜨거워서 입 델라. 천천히 호호 불어가면서 먹어라."

"네."

두복이는 할머니가 만들어 준 팥죽을 두 그릇이나 뚝딱 해치웠지. 그러고 나니 정말 할머니 말대로 속에서 불이 나는 것처럼 추위가 싹 달아났어.

두복이는 찬 바람이 부는 마당으로 나왔어. 그러자 지난 추석에 역귀 일당들을 혼내 주던 일이 생각났어. 두복이는 겁 많고 못생긴 역귀 졸개들을 생각하니 슬그머니 웃음이 나왔지. 야광귀를 떠올리자 갑자기 몹시 그리운 생각도 들었어. 두복이는 얼음처럼 차가운 겨울 하늘을 바라보며 이렇게 중얼거렸어.

"야광귀야, 내 소원이야. 마지막으로 한 번만 와 주면 안 될까?"

그런데 그날 밤, 두복이의 소원이 이루어졌어.

"두복아, 얼른 일어나 봐!"

"음, 누구야?"

"너, 벌써 내 목소리를 잊었어?"

두복이는 귀가 번쩍 뜨이면서 잠이 확 달아났어.

"야광귀?"

"그래. 나야 나."

"너 어떻게 된 거야? 그렇게 인사도 없이 가버리고!"

두복이는 화가 난 것처럼 말했지만 목소리에는 반가움이 묻어 있었지.

"미안. 정말 미안해. 근데 이렇게 한가하게 이야기나 나누고 있을 여유가 없어."

"왜?"

"역귀가 온다고. 여기 너희 할머니 집에 말이야."

"뭐? 정말? 왜? 언제?"

두복이는 금세라도 울음을 터뜨릴 듯 얼굴이 일그러졌어.

"그동안 몰래 숨어 다니던 역귀가 얼마 전에 그날 소동을 우리가 꾸민 일이란 걸 알았대. 그래서 할머니네 집에 네가 나타나기를 기다렸다는 거야."

"정말? 그걸 어떻게 알았어?"

"오늘 역귀 졸개한테 들었어. 난 원래 섣달 그믐날 밤에 널 찾아갈 생각이었는데, 옥황상제님께 허락을 받고 급히 내려왔어."

두복이는 가슴속에서 누군가 방망이질을 하는 것처럼 심장이 쿵쾅거렸어.

"이제 어떡하지? 너, 역귀를 막아낼 역병막이가 뭔지 알아냈어?"

야광귀가 묻는 말에 두복이가 힘없이 고개를 가로저었어.

"아무리 생각해도 모르겠어. 손귀가 가르쳐 준 단서라는 걸 정말 하루도 안 빼고 기억하고 또 생각해 봤거든."

"그래? 그게 뭐였더라?"

"먹는 거고 붉은 빛깔이다. 사람들은 맛이 있어서 아주 좋아하는데, 그걸 먹으면 속에서 불이 난다."

두복이 입에서 쉬지도 않고 술술 말이 나왔어.

"맛있다, 붉다, 불이 난다. 맛있다, 붉다, 불이 난다……."

야광귀가 생각에 잠겨 주문을 외우듯 말했어.

"불이 난다는 게 매운 걸 말하는 거 아냐? 매운 거 하면 고추! 고추는 아니었으니까 고추장? 고춧가루?"

"불이 난다는 게 꼭 매운 걸 말하는 건 아니지. 뜨거운 걸 먹을 때

에도 속에서 불이 난 것처럼 속이 따뜻해지잖아."

그때 두복이 머릿속에 번개처럼 번뜩 떠오르는 게 있었어.

"그래, 그거야! 팥죽!"

"팥죽?"

"응. 붉은 팥으로 만든 뜨거운 팥죽은 정말 맛있어. 그걸 먹으면 얼굴에서 땀이 나고 속에서 불이 나!"

"와! 그럴듯한데?"

두복이와 야광귀는 서로 얼싸안고 방안을 빙글빙글 돌았어.

"자, 얼른 나타나기만 해라."

부엌 바닥에 납작 엎드린 두복이가 마당을 살피며 조용히 말했어.

"정말 이걸로 될까?"

야광귀가 두복이가 만든 이상한 도구를 의심스럽게 바라보았지.

"어유, 나를 그렇게 못 믿어? 내가 한번 시범을 보여 줄게."

두복이는 가마솥 단지에서 펄펄 끓는 팥죽을 부뚜막에 쌓아 놓은 대접에 담았어. 그러고는 기다란 널빤지로 만든 지렛대 한쪽에 올려 놓았어.

"자, 내가 시킨 대로 그쪽 끝을 밟아!"
"알았어."
야광귀는 두복이가 말한 대로 널빤지 반대쪽 끝을 힘껏 밟았어. 그러자 팥죽 그릇이 마당으로 날아가더니……
"앗 뜨거!"

두복이와 야광귀는 누군가 외치는 비명에 깜짝 놀라 마당을 내다보았어. 세상에! 마당 한가운데에는 팥죽 그릇을 뒤집어 쓴 역귀가 서 있는 게 아니겠어?

"두복아, 얼른! 팥죽 폭탄을 준비해!"

"알았어."

두복이는 부뚜막에 늘어선 대접에 팥죽을 담아 널빤지 끝에 올려놓았어. 그러자 야광귀가 반대쪽 끝을 힘껏 밟았지.

"슝! 퍽!"

"으악! 파, 파, 팥죽이다!"

"슝! 퍽!"

"앗 뜨거! 역귀 살려!"

　어느새 역귀는 붉은 팥죽옷을 몇 겹이나 덧입었어. 가마솥 단지에 팥죽이 다 떨어져 갈 무렵에는 힘이 빠진 역귀가 바닥에 무릎을 꿇고 두 손을 들고 말았지.

　야광귀는 역귀를 데리고 가면 옥황상제한테 큰 상을 받을 거라며 신바람이 났어.

　"다시 올 거야?"

　두복이가 눈물을 글썽이며 물었어.

　"물론이지. 돌아오는 설날에 나한테 신발 안 빼앗기려면 정신 바짝 차리고 있어. 헤헤!"

　야광귀는 두복이를 꼭 안아 준 뒤 역귀를 단단히 묶어 하늘나라로 올라갔어.

　두복이는 할머니 집 마당에 서서 야광귀한테 오랫동안 손을 흔들었어. 야광귀의 모습이 사라지고 새벽닭이 울고 동쪽 하늘에서 해가 떠오를 때까지 말이야.

시월의 세시 풍속

음력 10월은 겨울의 문턱이에요. 이맘때 우리 조상들은 큰 추위가 닥치기에 앞서 겨울을 지낼 준비를 단단히 했지요. 방구들을 꼼꼼히 살피고, 겨우내 먹을 김치를 담갔어요.

상달 고사

음력 10월은 한 해 가운데 가장 좋은 달이라고 해서 '상달'이라고 했어요. 가을걷이가 끝난 바로 다음이라 먹을거리가 가장 많은 때인 까닭이지요.

이맘때 우리 조상들은 한 해 내내 별 탈 없이 농사일을 짓게 도와준 집안의 온갖 신에게 감사 인사를 올렸어요. 집안의 가장 높은 신인 성주신, 부엌을 지키는 조왕신, 화장실의 측신, 장독대를 지키는 철륭신, 집터를 지키는 터주신, 안방을 맡은 제석신이 바로 그런 신들이지요. 이런 것을 '상달 고사'라고 해요.

김장하기, 메주 쑤기

음력 10월이 되면 집집마다 김장을 담그며 겨울 날 준비를 해요. 김장은 봄철의 장 담그기와 함께 집안의 아주 중요한 행사였지요.

김장이 끝나면 메주를 쑤어 방이나 마루 천장에 매달아요. 메주가 마르는 동안 우리 몸에 좋은 곰팡이가 피는데, 이 과정을 '메주를 띄운다.'고 해요.

십일월의 세시 풍속

음력 11월은 동지가 있는 달이라서 '동짓달'이라고 해요. 추위가 절정에 이르는 한겨울이지요. 동짓달 기나긴 밤 여자들은 길쌈을 하고, 남자들은 새끼를 꼬아 짚신, 망태기, 멍석 같은 생활용품을 만들었어요.

동짓날

동지는 한 해 가운데 밤의 길이가 가장 긴 날이에요. 우리 조상들은 동지를 작은 설날이라고 했는데, 동지가 지나면 낮의 길이가 조금씩이나마 길어져서 태양의 기운이 다시 돌아온다고 생각했기 때문이에요.

옛 사람들은 동짓날 매서운 추위가 닥치면 '동지 한파'라 해서 무척 기뻐했어요. 동짓날 날이 따뜻하면 이듬해에 병이 많고, 반대로 몹시 춥거나 눈이 많이 오면 풍년이 든다고 생각했지요. 실제로 겨울에 추우면 나쁜 병균들이 모두 죽기 때문에 해충이 없어 이듬해에 농사가 잘되고 사람들도 건강하게 지낼 수 있어요.

팥죽 먹기

예부터 지금까지 동짓날엔 팥죽을 쑤어 먹어요. '동지 팥죽을 먹어야 진짜 나이 한 살을 더 먹는다.'는 말도 있지요. 옛 사람들은 동짓날 먹는 팥죽의 붉은 빛깔에 나쁜 귀신을 쫓는 기운이 담겨 있다고 생각했어요. 그래서 팥죽을 쑤면 사당에 올리고, 헛간이나 부엌, 대문에 뿌려 놓았지요.

사철과 24절기

음력은 달의 변화를 기준으로 만든 달력이에요. 이와는 달리, 태양의 위치에 따라 바뀌는 날씨와 철의 변화를 나타낸 것이 '절기'예요. 절기는 음력의 단점을 보충해서 농사일을 잘하려고 만든 '농사달력'이라고 할 수 있지요.

한 해는 24개 절기로 나누어져 있어요. 지구가 태양을 한 바퀴 돌 때 생기는 원을 15도씩 24개로 나누었기 때문이에요. 한 해 365일을 24로 나누면 15.2일쯤이 되는데, 동짓날을 기준으로 15.2일씩 더하면 다음 절기가 된답니다.

1. 입춘(立春)
한 해 가운데 첫 번째 절기로 봄의 시작을 알리는 날이에요. 입춘이 되면 사람들은 대문에 '입춘대길(立春大吉)'이라는 글자를 붙여 놓고 좋은 일이 생기기를 기원했어요. 양력으로 2월 4일 무렵이라 아직 찬 바람이 부는 때예요.

2. 우수(雨水)
매서운 추위가 한풀 꺾이고 봄기운이 돌아 나무와 들판에 새싹이 움트는 때예요. 하늘에서는 눈 대신 비가 내리고 언 땅이 녹아 사방에 물이 많아진다고 해서 '우수'라고 했지요. 옛말에 '우수 경칩에는 대동강 물이 풀린다.'는 말이 있어요. 양력으로는 2월 19일쯤이에요.

3. 경칩(驚蟄)
겨울잠 자던 개구리와 벌레들이 깨어난다는 날이에요. 예부터 경칩이 되면 사람들은 새 집을 짓거나 흙으로 담벼락이나 방바닥을 발랐어요. 이날 흙을 다루는 일을 하면 별탈 없이 한 해를 날 수 있다고 생각했어요. 양력으로는 3월 6일쯤이에요.

4. 춘분(春分)
춘분은 밤과 낮의 길이가 거의 같아지는 시기예요. 춘분이 지나면 낮의 길이가 점점 길어지고 날씨도 한결 따뜻해지지요. 봄기운이 뚜렷한 농촌에서는 새로운 농사 준비에 점점 바빠져요. 양력으로는 3월 21일쯤이에요.

5. 청명(淸明)
하늘이 맑고 날씨가 화창해진다는 뜻이에요. 양력으로는 보통 4월 5일 무렵으로, 한식과 같은 날이거나 하루 전 날일 때가 많지요. 농촌에서는 이때부터 갖가지 농사일에 들어가요.

6. 곡우(穀雨)
곡식 농사에 좋은 비가 내린다는 뜻으로, 양력으로는 4월 20일쯤이에요. 실제로 곡우 무렵에는 비가 자주 내려서 곡식들이 쑥쑥 자라나지요. 옛말에 '곡우에 가물면 땅이 석 자가 마른다.'는 말이 있을 만큼 이맘때 내리는 비는 농사일에 아주 중요해요.

7. 입하(立夏)
여름의 시작을 알리는 절기예요. 양력으로 5월 6일쯤인 이맘때 산과 들은 하루가 다르게 짙은 초록빛으로 물들어 가지요. 농촌에서는 농작물과 함께 쑥쑥 자라나는 잡초들을 베는 작업인 김매기를 하느라 허리를 펴기 힘든 시기예요.

8. 소만(小滿)

만물이 점점 자라서 가득 찬다는 뜻이에요. 양력으로는 5월 21일쯤으로, 이맘때부터 날씨가 점점 더워져요. 이맘때 농촌에서는 가을 보리를 베고 모내기를 시작해 눈코 뜰 새 없이 바쁘지요. 한낮엔 여름 기분이 나지만 밤 날씨는 아직 쌀쌀해 '소만 바람에 설늙은이 얼어 죽는다.'는 옛말도 있어요.

9. 망종(芒種)

망종은 벼나 보리와 같이 까끄라기가 있는 곡식을 이르는 말이에요. 양력으로는 6월 6일쯤으로, 농촌에서는 보리 베기를 마치고 모내기가 한창인 때예요. 남쪽 지방에서는 망종에 '발등에 오줌 싼다.'고 하는 말이 있을 만큼 농사일이 바빴어요.

10. 하지(夏至)

양력으로 6월 21일 무렵으로 한 해 가운데 낮의 길이가 가장 긴 날이에요. 남쪽 지방에서는 모내기를 단오에 시작해서 하지에 끝낸다고 했어요. 하지에는 기우제를 지내는 풍습이 있어요. 이때 비가 내리지 않으면 농사에 좋지 않기 때문이에요.

11. 소서(小暑)

말 그대로 '작은 더위'라는 뜻으로, 이맘때부터 무더위가 찾아와요. 양력 7월 7일 무렵이에요.

12. 대서(大暑)

양력 7월 23일 무렵이에요. '큰 더위'라는 말 뜻대로, 장마가 끝나고 무더운 여름날이 이어지는 시기예요.

13. 입추(立秋)
여름을 지나 가을의 문턱에 들어섰음을 알리는 절기예요. 아침저녁으로는 선선한 기운이 감돌기도 하지만 아직 한낮은 무척 덥지요. 농촌에서는 이 즈음부터 김장에 쓸 배추와 무를 심어요. 양력으로는 8월 8일쯤이에요.

14. 처서(處暑)
더위가 물러간다는 뜻을 지닌 절기예요. '처서가 지나면 모기 입이 비뚤어진다.'는 속담이 있는데, 이맘때부터 찬바람이 불어 모기도 자취를 감춘다는 얘기지요. 처서가 되면 사람들은 조상들의 묘를 찾아가 여름 동안 무성하게 자란 풀을 베어 내기도 했어요. 양력으로는 8월 23일쯤이에요.

15. 백로(白露)
백로는 '흰 이슬'이라는 뜻으로, 이때쯤이면 밤에 기온이 이슬점 밑으로 내려가 풀잎에 이슬이 맺혀요. 장마가 걷힌 다음이라 날씨가 맑고 햇빛이 비추는 양도 많아서 벼와 과일이 무럭무럭 익어 가지요. 양력으로는 9월 8일쯤이에요.

16. 추분(秋分)
낮과 밤의 길이가 같아지는 때예요. 추분이 지나면 밤이 점점 길어지고 날씨도 추워지지요. 양력 9월 23일쯤으로, 농촌에서는 이맘때부터 가을걷이를 시작해요.

17. 한로(寒露)
'찬 이슬이 맺힌다.'는 뜻이에요. 이 무렵 산에는 단풍이 물들고 들판에는 국화꽃이 활짝 피지요. 농촌에서는 추수가 한창이라 무척 바쁜 때예요. 양력으로는 10월 8일쯤이에요.

18. 상강(霜降)
서리가 내리는 시기를 뜻하는 절기예요. 양력 10월 23일 무렵으로, 낮에는 따뜻하지만 밤에는 기온이 뚝 떨어지는 시기지요. 곡식이나 채소가 서리를 맞지 않게 서둘러 농사일을 끝내야 해요.

19. 입동(立冬)
겨울의 시작을 알리는 날이에요. 이맘때 김장을 해야 김치 맛이 좋다고 하지요. 양력으로는 11월 7일쯤이에요.

20. 소설(小雪)
살얼음이 얼고 첫눈이 내리는 시기예요. 아침저녁으로 날씨가 춥지만 한낮에는 따사로운 햇볕이 남아 있어 '소춘'이라 말하기도 했지요. 양력으로는 11월 22일쯤이에요.

21. 대설(大雪)
말 그대로 많은 눈이 내린다는 뜻이에요. 옛 사람들은 대설에 눈이 많이 내리면 겨울이 따뜻하고 이듬해 풍년이 든다고 믿었어요. 양력으로는 12월 7일쯤이에요.

22. 동지(冬至)
한 해 가운데 낮 길이가 가장 짧은 날이에요. 동지가 지나면 하루하루 점점 낮의 길이가 길어지기 때문에 사람들은 이날을 '작은 설'이라고도 했지요. 양력으로 12월 22일쯤인 동짓날엔 팥죽을 먹는 풍습이 있어요.

23. 소한(小寒)
'작은 추위'라는 뜻으로 양력으로는 1월 5일쯤이에요. 우리 속담 가운데 '대한이 소한 집에 놀러 왔다가 얼어 죽었다.'는 말이 있을 만큼 한 해 가운데 가장 추운 시기지요.

24. 대한(大寒)
'큰 추위'라는 뜻으로 한 해의 마지막 절기예요. 소한 때보다 날씨가 따뜻한 날이 많아서 '소한 얼음, 대한에 녹는다.'는 옛말이 있지요. 양력으로는 1월 21일쯤이에요.